U0149055

儒家倫理與現代敘事

龔　剛　著

文 史 哲 學 集 成

文史哲出版社印行

國家圖書館出版品預行編目資料

儒家倫理與現代敘事 / 龔剛著. -- 初版. --
臺北市：文史哲,民 97.1
　頁：　公分.（文史哲學集成；537）
含參考書目
ISBN 978-957-762-0 (平裝)

1. 儒家.2. 倫理學 3. 敘事文學

121.2　　　　　　　　　　97001307

文史哲學集成　　537

儒家倫理與現代敘事

著　　者：龔　　　　　　剛
出 版 者：文　史　哲　出　版　社
http://www.lapen.com.tw
登記證字號：行政院新聞局版臺業字五三三七號
發 行 人：彭　　　正　　　雄
發 行 所：文　史　哲　出　版　社
印 刷 者：文　史　哲　出　版　社
臺北市羅斯福路一段七十二巷四號
郵政劃撥帳號：一六一八○一七五
電話886-2-23511028・傳真886-2-23965656

實價新臺幣三○○元

中華民國九十七年（2008）元月初版

著財權所有・侵權者必究
ISBN 978-957-549-762-0

儒家倫理與現代敘事

目　　錄

序一：聆聽那遙遠的倫理敘事

萬　俊　人[1]

一、緒言：跨學科的科際跨度

三年多前，清華大學哲學博士後流動站始開，申請者蜂擁，僅我名下便有十多位。在眾多的申請材料中，有一份材料放眼即不能移，讓我注目凝思的是申請者與眾不同的博士後研究計畫："儒家倫理與現代敘事"。申請者龔剛博士原本是北京大學中文系"比較文學研究所"所長樂黛雲先生門下高足，專攻文學評論和文學比較研究，尤其在錢鍾書、張愛玲等當代中國作家的小說研究方面卓有成績。現在，龔君突然掉轉槍口，由文學而哲學，殺奔柴門，讓我既驚又恐，繼而不安起來。雖說眼下跨學科研究方法（interdisciplinary approach）已然流行大化，且我自己也一直在為之鼓呼不斷，卻終究因為我近年來很少閱讀文學作品，又不諳文學評論的章法，仍不敢貿然，直到我們在藍旗營上島咖啡的一席面談結束之後，我才最終決定接納他的申請，跟他一起學習儒家倫理與文學敘事。就這樣，龔剛博士成了我名下的第一位跨學科研究方向的博士後。

---

1 萬俊人，清華大學哲學系主任、人文學院學術委員會主任，哈佛大學哲學系 Fulbright 基金交流學者。

　　順便說幾句閒話。如同時下許許多多的"後"學一樣，"博士後"也或多或少帶有些"後現代主義"的反諷意味：一方面，國外的真實見聞和瞭解告訴我，"博士後"（post-doctor）並非一級學歷或學位，僅僅是已獲博士學位的博士們在找到合適職位前繼續其專業研究的特殊身份稱謂，有時候甚至被當作未能成功就業的一種身份符號；但另一方面，在當代中國社會和中國教育的獨特語境中，"博士後"卻又被當成了某種超高知識身份的代名詞 ── 毋庸贅言，博士之後的繼續研讀確乎應該屬於更高階段的學術探究或科研探險，至少我個人這麼認為。既是探險，就當置身險峰。按國學傳統的學術規範看，跨學科本身便是一種冒險行為，幸運者可得學識廣博之美名，不幸者則可能落下"兩邊都不討好"的遺症，把自己置身於類似"諜中諜"的險境，原本好好的專業博士身份也因此烙下"名裂"的傷痕。

　　不過，我們的龔剛博士卻肯定屬於幸運者的行列！而這一切都歸於他的勇敢、智慧和努力，以及，也許更重要的是他對於中國古典人文精髓的深刻領悟與執著信念：他似乎始終持守著心中的文道和理想，並為之尋找得以"去蔽"和"澄明"的理路或方法，即使這心中的文道和理想已經被時下風塵滾滾的世俗時尚遮蔽得足夠嚴實，彷彿已然封存千古。的確，"後文革"時代，或者更早一些，自新文化運動以降所出現的一幕幕急速變換的文學景象，及其背後牽涉的複雜而令人疑惑的社會倫理問題，早已讓我們有些眩目、甚至不知所措了。社會之舟在颱風巨浪間顛簸，文學和詩歌在這陣陣風浪中被一次次地撕裂、浸濕，而道德倫理則幾乎像浪潮起伏中的海藻被連根拔起，隨風浪飄浮流蕩著。多少年了！文學與倫理如同行進在颱風巨浪間的社會之舟的兩葉桅帆，飄然落下多時，苦苦地等待著重新揚起的時刻！在這一非常的時刻，同時等待著的文學與倫理或許多少意味著某種思想交際的際遇和文化互救的機緣？！也許，這也是龔剛君心底秘而不宣的學術期待？！我如是猜度，卻以道友之心。

龔剛君告訴我，他的研究選擇多半是因為讀過我和我的朋友、學生們翻譯的麥金太爾先生的幾部作品。可憑實說，雖然我多少注意到了麥金太爾先生的敘事學理論本身，卻並未關注太多，反倒是他的美德倫理學更吸引我的眼球和思緒。可事實是，麥金太爾的美德倫理學正是仰仗他精妙的歷史主義倫理敘事學才得以證成的，我怎麼可以只及其表而不及其裏呢？現在想起來，我必須坦率地承認，龔剛君的門前叫陣不啻當頭棒喝，讓我幡然警醒！遺憾地是，兩年過後，龔剛君已獲雙秋，而我則仍在起步途中。我是說，他不單在兩年內順利完成了自己的博士後研究計畫，成就了讀者眼前的這部佳作，而且無論是就倫理學研究而言，還是就當今中國的文學批評理論來說，他對當代中國文學和文化的倫理敘事學洞見，已然形成了自己別有洞天、別開生面的洞見，其學術價值和文化意義都讓我刮目相看。因此，當他一個多月前從澳門打來電話，告知我這部專著即將在臺灣出版並囑我一序時，我不免惶恐。堅辭不果，我只好斷斷續續地寫出下面的文字，作為請益龔君的文貼了。

然而，在我進入正題之前，我還想就所謂跨學科研究本身談談我的看法，以便為我下面的文字做個理論鋪墊。請不要見怪！這只是我的哲學專業習慣使然。

跨學科研究的主題自然是至少兩個學科之間的相關性問題，或者是跨越至少兩個學科之間固有專業界限的跨度問題。這多少有些像架橋作業，跨度設計不可過寬或者過窄，過寬易連接不牢，造成塌陷；過窄則會造成或資源浪費，或簡單拼湊，或張力不足，甚至於造成思想理論和學術創見的"近親繁殖"或簡單移植等不良後果。跨度得當且作業得法，既可形成庫恩意義上的"必要的張力"，又可激發多學科間視景交融、相互啓發、相互攀援的學術創造力，產生單一學科所難以造就的富有洞識和創見的學術新成果。理由很簡單也很充分：多視角的透視多半會比只眼觀看來得豐富、全面、多彩。當然，在某些情形下，只眼的顯微凝視也會比多視角的掃瞄來，看得更深刻、更真切、更入微具體。兩種可能性都有，因此兩種方式都行，只不過前者顯得更爲急迫、更具有當代意義。在現代多學科交際滲透日漸強化的知識社會學條件下，兩條腿走路不僅必須，而且有可能更好。在這方面，學界成功或失敗的先例都有，值得借鑒。例如，德國社會批判理論的代表人物哈貝馬斯在法律與哲學的跨學科研究（其代表性成果是《事實與規範》）；當今發展迅猛的經濟倫理研究；等等，都堪稱比較成功的跨學科研究範例。但也有不太成功的跨學科研究例子，譬如，近年出現的一些文學家的社會學或思想史研究，既缺乏學科理論的支撐，也未能找到不同學科之間真正有意義的結合部和對應點，看起來有些角色反串的味道，但終究只能是角色反串，不僅沒有能夠反串好"學科他者"的角色，創造科際互融的新見，反而連自己擅長的本位角色也給丟了。

　　類似的經驗教訓表明，確保跨學科研究得以成功的關鍵在於"跨"的方法和"跨度"的掌握。以蔽見觀之，跨學科研究的"跨"之方法和"跨度"之選擇關鍵在於兩點：其一，跨學科研究的主題必須具有至少兩個或兩個以上學科的主題交際性質，即是說，該主題必須在兩個或多個學科的交叉視野中足以"主題化"。比如，人權問題之於現代法學、政治學、政治哲學和倫理學。其二，跨學科研究的方法應當超越於單一學科的研究方法，並具有方法論上的視閾拓展和深度延伸，也就是人們通常喜歡說的方法創新。比如，田野作業和個案研究之於人類社會學的跨學科研究。事實上，現代的許多新型學科如人類社會學和結構主義人類學等等，都是這種方法論拓展的知識產物。就倫理敘事學研究而言，敘事的倫理或者倫理的敘事顯然是文學與倫理學所共同面對的主題，而文學敘事的方式又無疑是對倫理學論理方法的微觀演繹，或者，倫理學對某些或某套道德倫理原則規範的經驗求證，本身便需要文學敘事的微觀具體表達，這就叫做道德理性需要文學感性或審美感性的支撐，後者能夠使前者變得有血有肉，生動可感；而前者則可以成為貫通後者的精神脈絡，產生比單純情感化體現更為持久深刻的文化精神影響。大凡讀過托爾斯泰的《戰爭與和平》、車爾尼雪斯夫斯基的《為什麼》、妥斯陀也夫斯基的《馬紮羅夫兄弟》、以及魯迅的諸多短篇小說、甚至巴金的《家》《春》《秋》三部曲的人，大概都不難認同此種看法，更不用說現代歐美知識界屢見不鮮的那些文學兼哲學的兩棲作家了，譬如說，薩特、加繆這些榮獲諾貝爾文學獎的存在主義哲學大師們。

　　龔剛君當然比常人更深諳此道，也的確給我們提供了一個富有思想張力的倫理敘事學範例。在這部博士後研究成果中，他不僅大大延伸和擴展了其原有的有關錢鍾書、張愛玲小說的個案型敘事研究，而且自覺地選擇了倫理敘事學這一跨學科的前沿方法，在多個不同類型的案例解析中，尋求建構一種具有普遍解釋力和思想透視力的倫理敘事學模式。專著圍繞著張愛玲、王朔、劉恒、張揚等現代中國作家和導演的小說文本與電影文本，深入地考察了倫理與敘事之間的互動關係，審視和分析了三種具有當代中國文化典型意味的敘事類型，即：以排斥道德之維爲取向的非道德主義敘事；以顛覆正統倫理秩序爲動機的反倫理敘事；以及，介乎解構與建構之間的"中間態"倫理敘事。作者勘定，這三種敘事方式或類型都不同於傳統道德寓言式的倫理敘事模式，而從傳統道德寓言式的倫理敘事到當今這三類取向殊分的敘事方式的歷史演變，同時也展示著作爲傳統中國文化意識形態正宗的儒家倫理思想的現代蛻變和現代性命運："儒家倫理的空殼化"及其拯救途徑——"欲興儒學，必倡戴震之學"！

我無意評價——更不用說大膽裁奪——龔剛君上述倫理敘事探究及其結論本身的精當與否，但我願意相信，他對倫理敘事學的建構方式和意義應是不言而喻、值得關注的。在我接下來的陳述和分析中，我將力求證明這一點。

二、主題：軀殼與血肉之間的文化鏡像

龔剛所指正的"儒家倫理的空殼化現象"當然確實！甚或可以推而言之，當今之世，不僅是儒家倫理，而且是整個傳統倫理，甚至是"現代性"的中國倫理本身，都被空殼化了。無論我們如何評價儒家倫理在傳統社會中的文化價值作用和地位，有一點似乎是應該承認的：在傳統文化中國，儒家倫理之所以能夠坐擁主流文化意識形態的宰制地位，不獨因爲其道德倫理學說的完備性和實用性，更不是僅僅因爲漢以後在官府"獨尊儒術，罷黜百家"的輔佑下，儒家倫理得以獲取國家政治化的文化特權，而且——在我看來——更重要的是，因爲它得以實現康德所說的自

下而上的道德形上提升、繼而又取得自上而下的道德生活實踐化的形下落實，這種上下融貫實際上才是儒家倫理得以長久成爲中國社會之 "ethos" （精神氣質）、並得以根深葉茂的奧秘所在。

那麼，儒家倫理是如何實現這種上下融貫的呢？熟悉中國傳統道德觀念和社會倫理生活史的人都瞭解，儒家倫理不僅在觀念和理論的層面上具有十分完備和成熟的理論體系 —— 這當然得益於作爲儒學創始者孔子的偉大智慧，和先秦 "軸心時代" 諸多儒家的不斷完善，以及漢、宋及其後歷代儒學家的努力推進；而且，由於儒家倫理本身強烈的 "入世" 與 "致用" 的 "經世" 策略和 "實用理性" 特徵，使其較之其他中國古典道德文化傳統 —— 如，道家、佛家等 —— 有著優勢明顯的 "可世俗化" 生長能量。誠如許多儒學研究家們所指出的那樣，儒家倫理乃是其 "實用理性" 最具典範意義的體現，因爲儒家的 "實用理性" 主要表現爲一種平實合理的日常人倫道理和道德規範，直接針對人們的自然人倫和日常人生。它甚至有意迴避了西方古典美德倫理學所倚重的那種道德形上學論理方法，以某種經驗化或典範化的說理方式，表達和傳播她獨特而具體的道德倫理觀念和主張，盡可能使這些觀念和主張不單親歷可感，而且切實可行。更重要的是，儒家深知倫理 "綱" "常" 轉化爲人倫日常和社會風俗禮儀的實踐落實之必要性和重要性，因而不遺餘力地通過諸如 "家教" （家庭長輩的言傳身教和家族禮數的風化教授）、學養（包括私塾和民間教育體系）、直至國教（借助國家政治權力和權威的社會政治宣傳、道德風化教育及社會動員力量）等實際可操作的方式，將其道德倫理主張具體轉化爲社會風俗禮儀的道德教化和日用倫理教條。比如說，儒家以父慈子孝爲綱領的家庭倫理和基於仁情義禮的人際關係常理，以及由"綱""常"推廣延伸開來的等級結構式社會倫理關係秩序；再比如，儒家由"體認"而"修身"、由"齊家"而"治國"、最後求達"平天下"之鴻志偉業的個體美德倫理和社會政治倫理圖式；都具有此類自上而下的倫理風化或道德教化特徵。這大概也是兩千多年來儒家倫理雖歷經不同時代和社會的風雲變幻卻仍然始終能夠存活下來、並歷時發揮其實際社會文化作用的主要原因所在。

　　然而，儒家倫理的自上而下並不是一個簡單的觀念下移或文化原則"體現"（embodiment）過程，更不能簡單地歸結為借助於國家政治權力和權威的推廣和宣傳動員過程，而應當視之為多重因素或多種方式複合作用的"仲介化"（mediating）過程，在這一仲介化過程中，文學藝術發揮著獨特的作用。在某種意義上，我們甚至可以說，正是借助於廣義的文學作品和藝術行為，儒家倫理才得以深入人心，融入人情，最終落實於人們的日常生活和行動之中。

　　瞭解儒家倫理思想發展和傳演的人都知道，儒家倫理同整個儒家思想觀念一起，最初是通過孔子自身艱苦的民間教育（即：打破"學在官府"，自辦民間教育，實行"有教無類"的民主教育）實踐和總結而逐漸形成和傳播的，不過，在其原生時代，孔子及其門徒的親歷推廣和傳播所產生的效果是相當有限的（以至於李零先生有"喪家之犬"的辛辣譏諷）。而且，漢代大儒如董仲舒者的巨大學術努力和漢代統治者的政治認可與權力支持 —— 比較一下西元四世紀羅馬帝國對基督教的政治認可和權力支持 —— 的確是儒家得以獲取政治合法性和文化特權的重要因素；爾後，多代王朝的儒學制度化和學術官方化的努力，更是使儒家及其倫理不斷被政治化（所謂"道德政治化"）而得到更爲強力的社會推廣和普及；這些都是無需諱言的歷史事實。然而，我們必須同時承認，在中國傳統社會發展歷史中，並非每一個朝代都是儒家及其倫理的黃金生長時期，也並非歷代帝王或統治集團都奉行甚至"獨尊"儒學儒術，將之奉爲治理國家和社會的不二法門。相反，在某些朝代或某些帝王統治者那裏，儒學也會受到壓抑和限制，譬如說，隋唐的佛學鼎盛與儒學式微。更重要的是，儒家倫理能夠作爲一種人們日常生活和行爲的習慣性規範，僅僅仰仗儒家門徒的學術倡揚和帝王將相的政治扶攜是遠遠不夠的。畢竟，人們對儒家倫理的接受和自覺踐履在根本上說只能是一種內在主體的文化認同和價值選擇過程，如果它無法深入人心，則終究難以落實於行。任何單純的思想觀念傳播和政治宣傳或社會動員，都不可能完成使某種或某些既定的道德倫理觀念廣泛深入人心的文"化"任務。

　　歷史的經驗和可靠的理論研究告訴我們，道德倫理作爲一種獨特的人文知識和精神價值，其得以廣泛傳播和深根生長的基礎土壤正是豐富多樣的人類情感和獨特而鮮活的人性本身，而真正能夠浸入人情、陶冶人性的正是文學、音樂和藝術！麥金太爾的研究告訴人們，離開古希臘美妙動人的神話傳說、詩歌傳誦和"講故事"（"story-telling"）式的情感敘述，就不可能真正理解古希臘人的美德倫理精神；忽略教堂內牧師們的聖典文本朗誦和悠揚舒緩的教堂音樂，以及各種看似繁冗實則必需且頗具妙用的宗教儀式，就無法真正體會基督教神學倫理的內在底蘊，以及它們對於無數信徒之心性信仰的持久支撐。同樣，從《三國演義》、《水滸》、《紅樓夢》等長篇巨作，到《岳母刺字》、《孟姜女哭長城》

等無數民間文學作品的廣泛傳誦，我們分明可以看出儒家倫理是如何具體化爲一個個"鮮活的面孔"和感人的故事、並最終化身爲人民大眾心中的道德典範和人生行爲典範的。即使在英雄失落、平庸當道的現時代，儘管人們對於道德典範和英雄行爲的價值認同已然大大減弱（恕我直言），我們從《拯救大兵瑞恩》、《雨人》、《辛德勒的名單》等獲得廣泛社會讚賞的電影和幾乎歷屆所有的諾貝爾文學獲獎作品中，依舊不難感受"鮮活的"倫理情懷和道德倫理的感動。

　　道德倫理觀念之所以能夠"動"人，根本的原因或首要的條件就在於它能夠"動"情：深入人情乃是深入人心的前提。可是，道德學和倫理學家們的學術研究或學理表達 —— 無論多麽深刻和雄辯 —— 都不可能直接進入（更不用說深入）人情。非但如此，在許多情況下，學術研究愈深入，學理表達愈嚴謹合理，對人情的排斥便愈強烈、愈徹底。因此，道德倫理學的"理"要進入甚至深入人情的世界，惟一的途徑只有文學藝術。借助文學敘事和藝術再現的橋樑，合理的道德主張和倫理原則才能最終轉化爲人們日常人倫生活的行爲規範，通過融入人們的道德情感並不斷"積澱"，最終化爲人們的日常生活習慣和行爲禮儀風尚，而這些恰恰是"道德"和"倫理"兩個相互交叉之古典概念的原始本意！

　　借"動情"來"曉理"，先"通情"爾後"達理"，或者說，借助人類心理 —— 情感的獨特橋樑，來傳達道德之"道"和倫理之"理"，即是所謂倫理敘事的基本意味。由是觀之，倫理敘事的確是消除"儒家倫理空殼化"的有效通道，其意義自然也就不言而喻了。縱觀人類道德生活史 —— 與人類道德觀念史相對照──便不難發現，正是憑藉文學藝術（當然包括電影這一最為生動可感的現代藝術形式）豐富而生動的情感表達，人類社會賦予了道德倫理這一人類文化精神風骨以鮮活的血肉之軀，使其情義盎然，有聲有色。然而，文學藝術的情感之橋在根本上是以個體或人際的情感生活世界為基礎的，而這一情感生活世界因其"個體化"、"內在性"和"人際情緣"的私密性而有著不可消解的"私密化"特徵：雖然趨樂避苦的確是人類情感生活和行為的通常欲求，但每一個人對自身情感生活中酸甜苦辣的真切體驗卻不可能是完全重合的，因之人們願意並可能遵循的行動規範同他們理性地認可並實際遵循的道德倫理規範之間，就可能會產生或大或小的緊張、矛盾、甚至是尖銳的衝突，這便是人間無數悲喜劇得以產生的原始根源。也就是說，情理之間、進而文學藝術的個性化情感表達與道德倫理的普遍規範之間，總是或多或少地存在著某種距離或某種矛盾的。然而，這種距離和矛盾正是文學藝術與道德倫理產生相互需求和相互補益的內在原因，一如性別和性格的差異與張力是產生人際吸引和人生互補的自然動因一樣。

可是，隨著現代社會日趨公共化的結構性轉型，公共生活領域不斷擴張，對個體的私密生活形成日益強大的擠壓。結果不僅使得人類的生活和行為越來越依賴於公共生活的規範和秩序，個性化的情感生活隨之變得越來越單調、趨同、缺乏應有的豐富姿態和斑斕色彩，而且由此帶來的"普遍理性化"的思維方式，也使得現代人和現代社會越來越習慣於用"普遍理性"甚至單一化的理性來剪裁人類的生活之樹，使其成為只有樹幹沒有枝葉花蔓的沙漠枯椿。想一想現代人和現代社會對於密集如織的法律之網的行為依賴（我視之為另一種形式的"路徑依賴"），看一看現代文化日趨大眾化、商業（市場產業）化的現狀，我們就不難明白這其中的奧秘：在公共生活和公共行為領域裏，一切個性化和特殊化的東西都被作為公共規則的"例外"情形而受到約束和禁止，即使是基於人們情感經驗的文化生活也不得不被鑲嵌在市場（商業）的"無情"——所謂"市場不相信眼淚"——規則限度之內而變得單一、程式和透明。在某種意義上說，一切心理的和情感的生活經驗、行為都必定是天然隱晦的、"特殊主義"的，它們同一切單一透明的普遍主義規則格格不入。於是，人們便會自然而然地提出這樣一個問題：在現代社會日趨公共化的情形底下，上述由"情"而"理"、通"情"達"理"的倫理敘事還有可能嗎？姑且可能，一種"現代性"的倫理敘事又如何可能呢？

三、問題："現代性"的倫理敘事如何可能？

若我的上述分析和舉證大抵可信，則"'現代性'的倫理敘事如何可能？"的問題就是一個有意義的問題，自然，這也是我自從接受龔剛君博士後研究申請以來一直擔心的問題。

我的擔心同龔剛君的學術能力和學術志向無關，恰恰相反，在這一點上，我對他有著充分的信賴、欣賞和期待！我的擔心只緣於我個人的學術判斷：現代人類生活不斷趨向公共化的趨勢及其對現代人個體私人生活不斷增強的外部擠壓，必然導致現代人和現代社會對某種或某些形式的普遍理性主義行動規則的"路徑依賴"，因之造成現代人情感生活世界的日益貧瘠、單調、膚淺、浮躁和對外部規則的過度依賴，與之相輔相成的是"理"的強勢與"情"的貧弱，"情""理"之間失去應有的張力和均衡。在此情形下，敍事倫理不可避免地受到規範倫理日益強勁的壓迫和排擠，尋求倫理敍事的努力變得越來越艱難，越來越難以預期。

　　現代社會的公共化轉型是結構性的、不可逆轉的發展趨勢。這首先是由於作爲社會物質基礎的經濟市場化轉型所導致的必然結果。開放、共用、均衡和交易的普世化是市場經濟得以建立和發展的內在要求。市場並不特屬於任何個人和集團，而是面向一切自由行動的經濟行爲主體；同時，市場及其以市場價格爲核心的市場交易機制具有一種強制性的剪裁作用：它要求以市場供求關係本身爲基準建立自由交易的經濟秩序，並通過市場價格均衡、市場資源配置等方式來建立這種經濟秩序，在理想狀態下，這種經濟秩序的確具有某種“自發”的特徵。然而，市場經濟的前提預製雖然是自然人性論（基於人性本惡和私欲可用的人性考量），然則，它所要求的經濟秩序和經濟行爲規則，卻偏偏又是縱私欲卻無私情的“經濟理性”基礎上的普遍合理性和正當有效性規則。由此滋生的社會政治要求是自由主義的民主政治，而非等級結構式的強權政治；其所需要的文化秩序則是可市場化或可普遍實用化的大眾世俗文化，而非取法乎上的精英文化。更重要的是，市場經濟的這種普世效用主義和經濟理性主義的秩序要求，造成了現代人和現代社會文化價值觀念（包括道德倫理觀念）的物質實利主義和世俗商業主義的普遍價值取向，一切個體和人際的自然情感、心性情緒都被商業化的浪潮蕩滌得乾乾淨淨，誠如馬克思所描述的那樣，一切田園詩般的脈脈溫情都被市場規則的剪刀作爲妨礙市場秩序和商品交易普世化洪流的枝節葉蔓給無情地剪除了，剩下的只有市場交易和適用於市場交易的行動法則。

　　市場經濟的洪流如此浩大，以至於任何非物質非實利性的或不可商品化的文化行爲都難以找到寄生之地，一切個體的、人際的和群體的不可公共化或市場化的情感生活經驗都難以找到獨立生長的空間和時間。如果說，傳統倫理敘事的根基和前提是豐富、深厚、多樣的文學藝術表達和偏於個體心性內在的美德倫理，那麼，當這種文學藝術表達逐漸失去現實生活的溫情語境，當美德倫理逐漸成爲現代人和現代社會的往昔記憶而非現實道德生活體驗，這時候，倫理敘事又如何可能呢？

進而，人們必須正視的又一個“現代性”事實是，社會公共生活領域的擴張必然產生對公共行爲和公共秩序的普遍規範體系的內在需求：很明顯，在社會公共生活領域裏，任何個體或群體的特殊訴求都必須服膺於社會公共行爲規範的普遍要求，而社會公共行爲規範的普遍有效性和合法性在某種程度上說總是對個體行爲和趣旨的外在約束。當制度經濟學的先行者康芒斯說制度即是集體行爲對個體行爲控制、擴張和解放時，他所欲揭示的正是社會公共的行爲規範體系對個體行爲的這種普遍一律的約束。因此我們又可以說，現代人和現代社會以“理”馭“情”、“情”“理”失衡的根本標誌或後果，即是“公共規範”優先及其所帶來的公共規範或規則對個體情感和個體行爲不斷強化的約束。

最後，“現代性”所導致的一個基本文化事實是，由於市場經濟的趨利唯利本性對文化的市場產業化和商業利潤化壓力，促使現代文化不得不高開低走 —— 即：走向市場、走向世俗、走向價值物化，從而使得文化的大衆化或反精英化、世俗化或平庸化成爲不可避免的結局。因而我們看到，現代社會的文化生產和現代人的文化創造不得不被迫採取市場批量生長和商業運作的方式，有時爲了“適應”甚至取悅市場的大“量”需要和文化消費者的消費享樂心態，還不得不採用某些凡俗、媚俗、庸俗的"俗化"方式，降低對優雅文化品質的精神要求，乃至放棄文化自身應有的"斯文"和"教化"追求。於是，我們越來越多的看到，所謂"速食文化"、"泡沫文化"、"調侃文化"、"娛樂文化"、"文化炒作"、單純的"身體文化"、以及所謂"躲避崇高"、"放棄卓越"、"用身體寫作"等等，實質上是"非文化"甚至"反文化"的現象層出不窮，逐漸習以為常。我之所以把這些現象歸結為"非文化"和"反文化"之列，主要是想提醒人們記住一種具有根本意義的人類文化立場：人類創造自身的文明和文化生活並籍此使自身超拔於自然生物或其他動物的根本目的和全部努力，並不僅僅是為了娛樂生活（這當然是一個非常重要的向度，對此不必諱言和迴避），更重要的是為了使人類自身的生活和生活方式具有超越於其他自然生物和動物的文化精神意義，這其中，道德倫理的生活和生活方式一直被視之為最重要的文明和文化價值向度。有尊嚴地生活，有情義地生活，優雅的生活，有希望的生活，始終是人類的嚮往和追求，而這一切都同人類文化生活品質和生活方式的精神提升直接相關。

現在的問題是，既然情感生活是倫理敘事得以可能的經驗基礎，那麼，重新找回失落的情感生活世界就是重建現代倫理敘事的前提條件。也許，我們不能說現代人的生活已然成為一種無情感的生活，因為只要我們還保留著人的天性，只要我們還保留著對諸如愛情、婚姻和家庭的執著，只要我們無法放棄親情和仁義，尋找真實美好的情感就有可能，即使在"現代性"日益膨脹的現代社會，基於這種真實美好的人類情感的倫理敘事就仍然是可能的。

　　進一步具體言之，現代社會生活的公共化擴張和擠壓固然給現代人的私人生活空間造成了不斷增強的壓力，但無論如何現代人都不可能完全失卻自身的私人生活領地和感情生活經驗，甚至於，即便是按照現代市場經濟的一般法則來看，"稀缺"意味著市場價值的珍貴。在日見強大的社會生活公共化擠壓下，私人生活反而有可能成爲一種珍稀的人生價值體驗。問題的關鍵在於人們是否意識到了現代私人生活經驗的珍貴，能否留意並珍視其人生價值意義：也許，現代人生的價值意義並不只在外在的社會實現，而且也在內在人生的主體體驗，比如，快樂、幸福和希望等等。

　　市場經濟或現代商業確實嚴重的侵蝕了現代文化事業的獨立發展，使其越來越商業化、商品化。然而，歷史的經驗又告訴我們，大凡高雅文化的創造與生長，並不是在物質貧瘠的生活土壤上實現的，相反，大量具有跨時代和普世性意義的文化成果常常是借助於豐富的物質資源取得的。例如，哲學智慧創造，古今中外的經典建築藝術、音樂繪畫作品和那些具有永久公共紀念意義的文化物品，等等。也就是說，物質文明 —— 更直接地說，金錢本身 —— 同高雅文化的創造並非是天然對立的。問題的關鍵並不在於是否運用市場運作或商業操作的方式來創造和生產文化，而在於出於怎樣的目的、能否以合理正當的市場方式或商業手段來創造和生產文化成果。

　　同樣，公共普遍化的行爲規則的確可能因其整齊劃一的約束效應而嚴格限制了某些（甚或絕大多數）個體行爲的自由空間。但是，誠如康芒斯正確洞見的那樣，規則和制度不僅僅是控制"個體行爲"，它們同時也是對個體行爲的"擴展和解放"：公共規則的普遍有效同時也意味著對每一個人的行爲規範和約束必須是公平平等的，它不僅使現代人認識世界和社會生活的視野更加開闊，視景的地平線有可能無限延伸，因而使得現代人對生活和世界的認識與體驗更爲豐富，更加開闊，在某些條件和情形下甚至更具深度，而且它也給現代人提供了嘗試新的生活、發明生活世界的新的意義和向度、從而爲人們形成新的人生理解和文化理解，提供了前所未有的社會生活條件。仔細想想現代奧林匹亞體育競賽所表現的巨大魅力：儘管它已然被現代商業浪潮所浸濕，也被越來越煩瑣精密的競賽規則所分割，但競賽者卓越的競技表現仍然讓現代人怦然心動，如癡如醉。

　　總之，在物質與精神之間，在無情的市場與有情的心靈之間，在規則他律與情感自由之間，並不存在截然相反的兩分對立，真實存在的只是或者更多的是一種“必要的”張力，一種可以轉化、甚或優化提升的衝突，在某些情況下，甚至是一種相互激發、相互補益、相互發明和相互攀援的互蘊關係。如此觀之，倫理敘事所賴以展開的人類情感生活世界不僅可以繼續存在，而且可能美妙依舊，風光依舊 —— 如果我們曾經有過的心態和信念也能依舊從容和篤定的話。仔細讀讀龔剛君的這部倫理敘事學力作，你多半會認同我的這一直觀和判斷，當然，這首先恐怕需要你擁有同龔剛君相近甚至相同的心境：步履匆匆間，驀然回首，那人、那情、那心……仍在燈火闌珊處？！

　　不過，倫理敘事學對人情和人性的籲求是否一定要如龔剛君所宣導的那樣，需要進一步上升到恢復戴震之“體民之情，遂民之欲”的政制理想層面？卻仍然是值得慎重考慮的！畢竟，倫理敘事不是政治倫理，倫理敘事的可能更多的依賴於現代人的感情自珍和現代社群的文化自覺，而不是現代政治的權威扶攜。或者，我們可以說得更極端一些：倫理敘事更多的、甚至在根本上只屬於民間的道德故事，其敘事方式應該是流行於坊間倫理世界的道德敘說，其敘說話語也應該是或主要是非文化意識形態的。我的這些直覺性的看法，未知龔剛君以爲如何？姑且陳述在此，請益於龔剛君爲荷！

　　序乎？囈乎？且吟且行！這不也是一份悠然的心情麼？懷著這等介乎情理的心情和心境，不知能否對龔剛君的倫理敘事學有所體會和把握呢？！

萬 俊 人 謹記

2007 年 10 月中旬初稿

2007 年 11 月中下旬旅歐途中改定

序　二

樂　黛　雲[1]

　　龔剛君在北京大學比較文學與比較文化研究所念博士學位的時候，是一個經常靈光一閃、大膽提出學術新見的學生。就因為這個原因，儘管他學術上頗有造詣，生活上急公好義，樂於助人，卻偶爾會讓個別初次接觸他的人一時間不那麼容易適應。當時，我也正為種種 "學術規範" 和各樣僵硬的 "表格" 所苦，唯恐我們的辛勤只能培養出 "批量生產" 的 "絕對平均數"，抹煞了差別，斬斷了正在顯露的 "頭角"，將年輕人驅趕到我們熟知的學術老路，而使他們的創造熱情失之殆盡！就是在這樣鬱悶的心情中，龔剛君和我頗為相得，感情在於師友之間。

　　所幸龔剛君終於沒有被層層纏結的學術陋習所窒息，他的博士論文很得好評，其增訂本《錢鍾書：愛智者的逍遙》已於 2004 年作為 "跨文化溝通個案研究叢書" 之一在北京的文津出版社出版。後來，在自由開放的澳門，在聲色犬馬的誘惑中，在嬌妻幼子的環繞下，他並沒有像一些人預測的那樣，沉迷難拔。在清華大學哲學系主任萬俊人教授的指導下，經過二年的博士後艱苦研究，他的第二本學術專著《儒家倫理與現代敘事》又即將在臺灣

1　樂黛雲，北京大學中文系教授，跨文化研究中心主任，前國際比較文學學會副主席，斯坦福大學東亞系講座教授。

出版。

新著《儒家倫理與現代敘事》通過對近百年來具有一定代表性的現代文學作品和影視作品的具體分析，論述了倫理秩序、倫理意識和文學敘事的不可分割的聯繫，描述了儒家倫理與現代新思潮的碰撞與嬗變，理論視野開闊，文本細讀紮實，表達富有激情，是一部具有學術前瞻性和思想衝創力的新銳之作。

作者希望，這本書不僅可以開啓文藝理論研究的新思維，提示文藝 —— 倫理研究的新路徑，而且 "也許可以拓展為一門新興的交叉學科 —— 倫理敘事學"。應該說倫理和文學的關係並不是一個新的論題，1988 年出版的威恩·布斯的《小說倫理學》和 1997 年喬山的《文藝倫理學初稿》，對這方面的歷史、現狀和許多理論問題都作了相當精闢的分析；[2]但龔剛君的新作所開創的是另一個嶄新的領域，那就是將倫理學和敘述學的交叉研究納入比較文學的跨學科視閾之中。

從倫理學的角度來看，倫理學可以有兩個層面：如劉小楓所說，一是探究人類生活應遵循的基本道德觀念，從而製造出一定理則，這是 "理性倫理學"；另一層面則是通過個人經歷的敘事，提出生命的感覺，營構具體的道德意識和倫理訴求，這是 "敘事倫理學"，人類數千年累積的文學藝術敘事就是 "敘事倫理學" 最豐饒的土壤。從敘事學的角度來看，一切述本（敘事）都是對底本（故事）的加工。在這個加工過程中，敘事主體的區分，敘事視角的分類，敘事分層、時間變形、不可靠敘事等都是敘事學

2　韋恩·布斯：《小說倫理學 —— 我們所交的朋友》（W·C·Booth：*The Company We Keep：An Ethics of Fiction*，1988，California University Press），《文藝倫理學初探》1997，高等教育出版社

的基本組成部分，但更重要的是敍事的"倫理取位"，作者干預與道德傾向的關聯性，不可靠敍述的道德標記，隱指作者與隱指讀者在價值判斷上的對應關係，以及敍事形式和"信念系統"或"閱讀倫理"的關聯性等等，這些才是敍事學的靈魂所在。

在龔剛君看來，倫理學和敍述學雖然密不可分，但他所宣導的"倫理敍事學"卻不是倫理之維和敍事之維的簡單迭加，而是聚焦於倫理與敍事的互動關係。倫理敍事學首先是一種跨學科研究，它以敍事學的拓展為著眼點，以敍事倫理學為依託，橫跨了倫理學和敍事學這兩門學科領域，試圖建構起比較文學跨學科研究中的一個新門類——"倫理敍事學"。

自 1989 年，中國社會科學出版社出版《超學科比較文學研究》以來，比較文學領域中的跨學科文學研究得到很大發展，無論是文學與宗教、文學與音樂、文學與繪畫、文學與心理學、文學與哲學、文學與歷史學等等都得到了長足的進步。倫理敍事學以文學和倫理學這兩個不同學科的交叉為前提，在具體的論證中又必然會涉及中西方倫理問題和中西方敍事學的對話，因此它又是跨文化研究的一個重要方面。顯然，龔剛君所宣導的倫理敍事學研究不僅有助於文學理論與倫理學本身的研究，為"比較倫理學"與"比較敍事學"提供了新的平臺，也為比較文學的跨學科研究開闢了新的領域，同時，對當前中國的價值系統重構與現代中國文學與文化研究的拓展也具有重大的現實意義，是為序。

樂黛雲

2007 年夏　於北京大學朗潤園

中文提要

　　作爲以人的生存狀態與價值取向爲關注點的精神學科,倫理學研究應該兼重理論方法的探討和經驗狀態的呈現,亦應兼重宏觀思考和微觀分析。文學敘事具有敏感與個性化這兩項長處,因而最擅長表現人們的經驗狀態,包括道德經驗狀態。文學作品對個體在實存中的道德經驗狀態的描述,可以視爲道德生活史層面的小敘事,它爲倫理學研究提供了微觀分析的物件。

　　著名現代作家張愛玲、當代學人劉小楓與西方女性主義倫理學家阿爾斯坦(Jean Bethke Elshtain)的理論思考與批評實踐爲我們提示了倫理敘事批評的研究進路和具體方法 ,也向我們顯示了通過文學或文藝敘事考察道德經驗和倫理觀念變遷的理論意義。本研究報告將分別選取張愛玲本人及王朔、劉恒、張揚等作家和導演的小說文本與電影文本,考察倫理與敘事的互動關係,深入分析:一、以排斥道德之維爲取向的非道德主義敘事;二、以顛覆正統倫理秩序爲動機的反倫理敘事和;三、介乎解構與建構之間的"中間態"倫理敘事等三類不同於傳統道德寓言的倫理敘事模式,並從中考察儒家倫理思想的現代變遷和現代命運。

　　本研究報告在分析了由不同敘事文本所顯現出的"儒家倫理的空殼化現象"之後,提出了"欲興儒學,必倡戴震之學"的觀點。清代哲學家戴震以"體民之情,遂民之欲"爲理想政制模式的目標，並以“欲遂其生，亦遂人之生”重新詮釋了“仁”這一儒家倫理範疇，這是一種具有現代性色彩的儒家倫理思想，它突出了道德的自主性、人格的自主性和人性在情欲遂達上的合理性，與當今的普世價值有更大的相容性。戴震的這種“新仁學”思想既可作爲現代人個人修養的德性訴求，也可以將其納入現代性的制度建設之中。

Abstract

The ethics of literature, formalists have insisted, resides in the moral quality of a character, a story, perhaps the relation between author and reader. But in the wake of deconstruction and various forms of criticism focusing on difference, the ethical question has been freshly negotiated by literary studies, and to this approach this paper makes a compelling case for understanding narrative as ethics. Assuming an intrinsic and necessary connection between the two, it explores the ethical consequences of telling stories and fictionalizing character, and the reciprocal claims binding narrator, reader and sub-reader in the process.

It covers a relatively wide range of authors and periods in the twentieth-century of China, from Eileen Chang to Wang Shuo. An original work of theory as well as a literary critical performance, it also stakes a claim for itself as moral inquiry. To that end, it braids together the ethical-philosophical projects of Dai Zhen and some western liberalist philosophers.

With pen-names Shenxiu and Dongyuan, Dai Zhen (1724-1777) was a famous Confucian of the Qing Dynasty. His main works are On Goodness and A Textual Research in Concepts of the Works of Mencius, in both of which he criticizes the Song and Ming Neo-Confucianism. Daizhen's theory of humanity is the content of his theory of righteousness at the core. Daizhen sets the human's desire with the view of the vitality on the ontology level. And his revaluing of human's desire is based on his humanist conception. When Daizhen inquires into the relationship of human's desire and laws of nature, human's desire is not confined to the counter-part of laws of nature. This article will inquire into his theory of desire and ration from different aspects of the essence of humanity and its function in the fulfillment of modernity in China.

導言　作爲比較文學新思維的倫理敘事批評

　　對文藝作品的倫理 ── 道德考量是一種古已有之的文藝研究模式。由於這種研究模式往往會以倫理 ── 道德標準替代美學標準，因此容易招致客觀研究者的批評。不過，文藝倫理研究雖然因上述極端傾向而一度沉寂，其學術 "合法性" 卻不能因此而被抹殺，任何對此類研究的徹底否定都有以一種極端反對另一種極端的嫌疑。這就好比文學和政治的關係：把文學政治化固然値得商榷，但徹底割裂文學與政治的關聯性則同樣不可取。已故美國學者布魯姆（Allen Bloom）從政治哲學視角對莎翁劇本所作的極具啓示性的分析，足以爲文學的政治詮釋恢復名譽並提示一種文藝研究的新路徑。[1]

　　人是群居動物，也確乎是社會關係的總和。人類生存的這一特性決定了任何個體都無法逃脫各種秩序的規約。倫理秩序就是其中之一。"忠孝節義" 是傳統倫理秩序的經典表達和美德訴求，它們分別指涉著個人與國家（或國家權威的代表）之間、血親之間、兩性之間、朋輩之間的倫理秩序。金克木認爲，莎劇《馬

---

1 參閱[美]布魯姆著、秦露等譯《巨人與侏儒》第三部分 "政治、詩和莎士比亞"，北京：華夏出版社，2003。

克白》、《李爾王》所寫的是"忠和孝的反面"，"《哈姆萊特》也有孝的問題"。[2]在我看來，《哈姆萊特》還涉及到"義"的問題，《奧賽羅》則分明是關於兩性倫理及"貞節"美德的敘事。莎翁四大悲劇的倫理內涵表明，"忠孝節義"不僅僅是傳統中國的倫理秩序的表達，它同樣適用於西方的傳統社會。

自"五四"以來，"忠孝節義"的道德內涵早已經受了現代性的洗禮，但人們的倫理身位依然受制於傳統的關係範疇。例如，血親和兩性倫理就一如既往地纏繞著現代人的靈魂和生存。目前新興的生態倫理、"普世倫理"等指向新的關係範疇的倫理問題，也日益成為現代人的切身性話題。[3]

由於人自古而然地生活在倫理秩序之中，因此，文藝作品只要關涉人的生存，就必然會或隱或顯地呈現某種倫理秩序，哪怕是刻意追求"零度敘事"的小說也難以逃脫這一宿命。此外，由倫理秩序所賦予每一個敘事者的倫理意識也會或隱或顯地制約著、影響著他的敘事，就算他竭力避免倫理意識的干預也無計於事，比如，從中國當代小說家劉震雲〈一地雞毛〉的冷漠敘事中，讀者依然可以讀出他對兩性倫理的體認：夫妻間的忠誠在瑣碎沉悶的日常生活中只是一種蒼白的擺設而已。

倫理秩序、倫理意識和文學敘事的這種宿命般的聯繫無疑為文藝倫理研究的"合法性"提供了切實依據，也開啟了文藝倫理研究的新思維，並提示著一種文藝倫理研究的新路徑，筆者稱之為"倫理──敘事批評"。在不久的將來，這一研究模式也許可以拓展為一門新興的交叉學科──倫理敘事學。

2　金克木《文化卮言》，上海文藝出版社，1996，P381-382。
3　參閱萬俊人《尋求普世倫理》，商務印書館，2001。

　　"倫理敘事學"這一名目容易和西方新興的倫理學分支 ——
"敘事倫理學"（Narrative Ethics）相混淆。劉小楓可能是最早
向漢語學界引介"敘事倫理學"的學者，他認爲，倫理學有兩種
取向，一種是"理性倫理學"，這種倫理學是探究生命感覺的個
體法則和人的生活應遵循的基本道德觀念，從而製造出一些理
則，讓個人隨緣而來的性情通過教育培育符合這些理則。而另一
種倫理學就是"敘事倫理學"。敘事倫理學不探究一般的倫理法
則，而是通過個人經歷的敘事提出生命的感覺，和營構具體的道
德意識和倫理訴求。[4]劉小楓對倫理學的二分法顯然有別於常見的
把倫理學區分爲元倫理學、規範倫理學和描述倫理學的三分法，
這種二分法能否爲學界接受，目前還不好下結論。劉小楓對"敘
事倫理學"的定位雖有自己的發揮，但和原命題的題旨還是基本
吻合的。很明顯，"敘事倫理學"這一模式研究的核心特徵就是
"講故事的策略"（strategy of storytelling）和抽象的倫理思考的
結合。[5]例如，女性主義倫理學者阿爾斯坦（Jean Bethke Elshtain）
就非常擅長通過講述普通人包括她母親和祖母的生活來探討倫理
問題。[6]敘事倫理思考所憑依的道德事件，除了在日常生活中發掘
之外，尚可求之於小說敘事和電影敘事。這就使倫理學和文學藝
術在新的介面上獲得了溝通，劉小楓的《沉重的肉身》就是這方
面的代表作之一。西方著名倫理學家麥金太爾（Alasdaire
MacIntyre）在倫理思考中也常常求助於文學敘事。例如，他在探
討古典德性的重建時，就著重考察了英國18世紀女作家簡·奧斯

---

4 劉小楓《沉重的肉身》引子，上海人民出版社，1999。
5 Virtues & Practices in the Christian Tradition. Nancy Murphy etc. ed. Chap.13.
　Trinity Press International,US,1997.
6 同上.

汀在其小說敘事中所呈現出的"道德傾向"。[7]

　　不過，敘事倫理學雖然借重敘事藝術，但其研究重心還是在倫理學。此外，運用"講故事的策略"（strategy of storytelling）畢竟不同於敘事技巧的探討，因此，敘事倫理學也並非是敘事學和倫理學的結合。可以這樣說，敘事倫理研究在豐富和拓展倫理思考的前提下確實爲敘事學的發展提供了有益的啓示，但如何將這種啓示納入到敘事學研究新範式的建構中，則是敘事倫理學範圍之外的問題。因此，筆者試圖把"敘事倫理學"的研究重心倒轉過來，也就是以敘事學的拓展爲著眼點，並以敘事倫理學爲依託，建構起"倫理 —— 敘事批評"乃至"倫理敘事學"的框架。

　　"倫理 —— 敘事研究"不是倫理之維和敘事之維的簡單迭加，而是聚焦於倫理與敘事的互動關係。例如，對道德寓言式的文學敘事的研究未必就是倫理 —— 敘事研究，只有將道德意圖和敘事方式結合起來考察才可視爲倫理 —— 敘事研究。倫理 —— 敘事研究的範圍相當廣闊，從經典敘事學和後經典敘事學中均可以提煉出若干題域，如隱指作者與隱指讀者在價值判斷上的對應關係，不可靠敘述的道德標記，作者干預與道德傾向的關聯性，敘事者"搶話"對認清人物倫理意識的干擾，敘事的"倫理取位"（ethical positioning），敘事形式和"信念系統"或"閱讀倫理"的關聯性等問題[8]。不過，迄今的敘事學領域內雖然已包含著倫理 —— 敘事研究之維，但未有系統化地建構起"倫理 —— 敘事研究"框架，更未形成作爲獨立學科的"倫理敘事學"。

---

7 [美]麥金太爾著、龔群等譯《德性之後》，中國社會科學出版社，1995，P301-307。

8 參閱[美]赫爾曼主編、馬海良譯《新敘事學》引言部分之"後經典敘事學的若干方向"，北京大學出版社，2002。

　　我以爲，系統化地建構"倫理 —— 敘事批評"框架需對經典敘事學和後經典敘事學所內含的倫理 —— 敘事問題加以全面整理和拓展，並充分吸納敘事倫理研究所提供的有益啓示，還需要對傳統文藝倫理研究中的相關理論資源加以開掘，如中國古典戲曲研究中關於"悲劇衝突的倫理性"的探討。在理論規劃的前提下，尚需要通過具體的文本分析積累倫理 —— 敘事批評的經驗，探索新的研究視角，並測試倫理 —— 敘事批評模式在作品分析中的有效性。

　　從學科定位的角度來看，倫理 —— 敘事批評首先是一種跨學科研究，它橫跨了倫理學和敘事學這兩個學術領域。這就要求研究者對作爲哲學分支的倫理學和作爲文藝學分支的敘事學都要有所涉獵。由於倫理學是一個非常龐大的學術體系，即便是倫理學專業的研究者恐怕也只能通其一端或觀其大略，因此，對從事倫理 —— 敘事批評的學者來說，最好根據個人興趣和文本分析的需要選取倫理學中的某些範疇如兩性倫理、血親倫理、國族倫理等，或某些論域如利己主義和利他主義之爭、道德相對主義和道德絕對主義的衝突等加以深入鑽研，任何試圖吃透中西方倫理學所有問題的努力註定是勞而無功的。相對於倫理學而言，敘事學是一門非常年輕的學科，其理論容量也遠未達到其深似海的程度，因此，系統地把握敘事學還是有可能的。筆者以爲，1）深入瞭解若干倫理學範疇和論域，2）系統掌握敘事學基本原理和分析方法，構成了倫理 —— 敘事批評不可或缺的知識前提。

　　由於倫理 —— 敘事批評以文學與倫理學這兩個不同學科的交叉爲前提，在具體的論證中又必然會涉及中西方倫理問題的對話，因此，該批評模式也可以看成是"比較文學"或"比較倫理學"的一個分支。"比較文學"是以跨文化、跨學科研究爲特徵的文藝研究領域。因此，文藝倫理研究（含倫理 ── 敘事研究）、文藝心理學等以文藝研究爲本位的交叉學科都可以視爲"比較文學"的分支。在漢語學界，文藝心理學因朱光潛、金開誠、錢谷融、魯楓元等學者的開拓和探索已有了相當的規模，文藝倫理研究則相對地欠缺體系化的建構，人們對它的偏見也尚未消除。"敘事 ── 倫理批評"作爲文藝倫理研究的新路徑爲文藝倫理研究的復興提供了重要的平臺，也爲"比較倫理學"研究開闢了新維度，它自身也可能經系統化的建構而拓展爲獨立的"倫理敘事學"。

　　由於倫理 ── 敘事批評與西方新興的敘事倫理學均以整合倫理與敘事之維爲特徵，因此，倫理 ── 敘事批評模式的系統建構將有助於敘事倫理學的深化。就筆者目前的觀察而言，不少從事敘事倫理研究或批評的學者，對敘事學的瞭解還比較浮泛。以劉小楓爲例，他雖然在漢語學界首開敘事倫理批評的風氣，但從他的相關論著如《沉重的肉身》、《聖靈降臨的敘事》中可以看到，他似乎並未系統掌握敘事學的理論和方法，這就使得他的倫理敘事批評在敘事分析的層面還比較薄弱，對倫理之維與敘事之維的互動關係的探究也基本付諸闕如。這些問題的存在大約不能歸糾於某一個研究者，而是敘事倫理研究的結構性缺陷使然。倫理 ── 敘事批評作爲以敘事學爲研究重心、並聚焦於倫理 ── 敘事互動關係的批評模式，將有可能彌補敘事倫理研究的結構性缺陷，並消除其理論盲點。

　　如果說，敘事學的基本功能就是破解敘事之謎，諸如對敘事主體的區分，對敘事視角的分類，以及敘事分層、時間變形、不可靠敍事等命題，其實都不過是爲破解敍事之謎提供了思路或方法，那麼，對倫理 —— 敍事互動關係的考察，就將拓展敍事學的研究視野，並爲破解敍事之謎提供一種新思路和新方法。按照敍事學理論，一切述本（敍事）都是對底本（故事）的加工，加工就是一種選擇，在倫理 —— 敍事的框架下可以推論說，敍事加工中也包含著倫理的選擇；而按照敍事者同時也是被敍事者的觀念，倫理敍事同時也是被倫理敍事，敍事者和人物一樣，都陷於倫理秩序或倫理話語的牢籠。通過具體的文本分析，倫理 —— 敍事的互動關係將得到清晰呈現。以崇尚價值中立的新寫實小說代表作《連環套》爲例，小說主人公的倫理意識或道德取向會對小說敍事產生重大影響。如果小說主人公的倫理意識或道德取向發生改變，小說敍事模式也就隨之發生改變。比如，關於“寡親”而又“惕於親情”的陳金標的敍事（原小說），關於僅受利己本性驅動的陳金標的敍事（假設 1），關於毫無私心的陳金標的敍事（假設 2），關於親情意識常能戰勝私心的陳金標的敍事（假設 3），就是四種在情節設置、結局安排、人物關係刻劃及倫理內涵等方面存在著或多或少差異的不同敍事模式，其中第一種是介乎反倫理敍事和傳統道德寓言之間的複合式倫理 —— 敍事，第二種是惡有惡報式的傳統道德寓言，後二種可以統稱爲現代性道德寓言（其題旨是：行“善”不守法就會有“惡”報）。筆者以爲，敍事者一但設定了小說主人公的倫理意識或道德取向，他就很難打破以後者爲主導因素之一的敍事慣性，如果主人公的道德取向比較曖昧，小說敍事也就往往會因此而複雜化，如果主人公的道德取向比較單純，小說敍事也就往往會因此而簡單。以還原人性真實狀況爲特徵的新寫實小說之所以比“十七年文學”更具小說藝術的魅力，一個重要原因就是新寫實小說家沒有把主人公的道德取向簡單化，這就不但避免了人物形象的"扁平"化，也使敘事趨向豐滿。

　　《連環套》這一敘事文本及其互涉文本還顯示了倫理轉型期的某些特徵，爲客觀描述和評價 20 世紀 80 年代初以來中國社會的倫理環境提供了頗具參考價值的個案，而敘事者通過"寫實"化的文學敘事所呈現出的對人性複雜性、道德取向複雜性的認知，也爲致力於重建倫理秩序的倫理學者提供了認識論層面的重要依據。具體而言，在倫理重建的思考中，應充分意識到利己本性的內在驅動作用，而不能過於理想化乃至宗教化地設立道德標準（如"大公無私"、"存天理，滅人欲"等或其翻版），也應充分意識到傳統倫理秩序所強化的利他訴求如"孝親"、"親親"、"敬長"等對個體行爲的制約作用及其蛻變爲利益角逐的面具的可能性（如陳金標的親戚們以"親情"逼迫陳金標就範），在此基礎上吸納西方的相關倫理資源，將有可能催生一種在"個人主義"與"社群主義"之間、在傳統與現代性之間取得平衡的富有生命力的倫理秩序。

　　從以上宏觀理論架構的設計與個案分析可見，倫理 —— 敘事批評與倫理敘事學研究既有助於作爲文學與倫理學交叉學科的文藝倫理研究的深化，也爲"比較倫理學"研究提供了一個新的平臺，並對當代中國道德重建與現代中國文化研究的拓展具有積極意義。

第一章　一個早期的個案：
張愛玲關於兩部
民國電影的倫理敘事批評

第一節　問題的提出：男性中心的兩性
倫理與所謂 "東方精神"

　　著名現代作家張愛玲有一篇長期未受重視的散文《借銀燈》，該文是對民國時期兩部同樣涉及 "婦德" 問題的電影《梅娘曲》與《桃李爭春》所作的評論，堪稱現代倫理敘事批評的最早文獻之一。

　　在電影《梅娘曲》中，女主角梅娘被一個反角誘騙到豔窟的所在，她以爲後者要創辦一個慈善性質的小學，請她任校長之職，而來此地尋花問柳的丈夫緊跟著就上場。他打了梅娘一個嘴巴。梅娘沒有開口說一句話的餘地，就被 "休" 掉了。《桃李爭春》一片改編自美國影片《情謊記》。片中的丈夫被灌得酩酊大醉後與人有了姦情。妻子不但對此毫無瞭解的興趣，此後還含辛茹苦地照顧丈夫的情人（白光飾）肚裏的孩子，並阻止那懷孕的女人打胎。

　　張愛玲從這兩部影片所關涉的倫理現象中，提煉出這樣一個問題："丈夫在外面有越軌行爲，他的妻是否有權利學他的榜樣？"[1]這一問題對某些當代中國人來說，也許已是僞命題了，但它確乎對張愛玲時代普通人心目中的"爲妻之道"具有顛覆性的意義。用張愛玲的話來說，作爲婦德表現形式之一的"爲妻之道"的實質就是："怎樣在一個多妻主義的丈夫之前，愉快地遵行一夫一妻主義。"從性道德與兩性倫理的角度來看，這一"爲妻之道"是一種突出體現了"身份性倫理束縛"（如"君君、臣臣、父父、子子"）與"人格不平等"（如"三從四德"）[2]的貞節意識，也就是張愛玲所謂"片面的貞操"。

張愛玲接著談到，當時的"摩登女子固然公開反對片面的貞操，即是舊式的中國太太們對於上述問題也不是完全陌生。爲了點小事吃了醋，她們就恐嚇丈夫說要採取這種報復手段。"此外，"男人說笑話時也許會承認，太太群的建議中未嘗沒有一種原始性的公平。"不過，張愛玲又指出，那些看似開明些的男人並不願對太太群的公平訴求採取嚴肅的評判的態度，因爲他們一方面認爲世上沒有比姦淫更爲滑稽可笑的事，另一方面也認爲以偷情回應偷情式的原始性公平"在實際上也是行不通的"。而太太們這一面，也多是恐嚇恐嚇而已，很少"真那麼做去"，因爲"太不上算"。爲什麼"不上算"呢？道理很簡單，當時的太太們很少有經濟獨立的，一旦偷情曝了光，不但會丟了丈夫（如梅娘無辜被"休"），還會連帶著喪失經濟基礎，如今的白領麗人之所以敢愛敢恨，除了觀念前衛，經濟自立也是一個決定性的原因。早

1　見《張愛玲蘇青散文精粹》，花城出版社，1994。本文以下凡引自《借銀燈》一文的文字，一律不加註腳。

2　參閱陳少峰《中國倫理學史》第三十九章，北京大學出版社，1996。

在五四時期，對性道德問題與女性解放懷著極大熱情的周作人就借闡發英國學者卡彭特（Edward Carpenter）的觀點指出：婦女的解放，“必須以女子經濟獨立為基礎”，因此，“女子的自由，到底須以社會的共產制度為基礎；只有那種制度，能在女子為母的時候，供給養她，免得去倚靠男子專制的意思過活”。[3]此外，性道德上的男女不平等有著年深月久的歷史積澱，並構成了一種殺人於無形的社會約束力，就算男人可以三妻四妾、女人必須從一而終的畸形道德在現代語境下已越來越散發出裹腳布般的腐臭氣息，但女人的報復性偷情在普通人心目中仍然是一種遠比男人越軌嚴重的惡行，魯迅有一段文字說得很透徹：

> “社會的公意，向來以為貞淫與否，全在女性。男子雖然誘惑了女人，卻不負責任。譬如甲男引誘乙女，乙女不允，便是貞節，死了，便是烈；甲男並無惡名，社會可算淳古。倘若乙女允了，便是失節；甲男也無惡名，可是世風被乙女敗壞了！別的事情，也是如此。所以歷史上亡國敗家的原因，每每歸咎女子。糊糊塗塗的代擔全體的罪惡，已經三千多年了。男子既然不負責任，又不能自己反省，自然放心誘惑；文人著作，反將他傳為美談。所以女子身旁，幾乎佈滿了危險。除卻他自己的父兄丈夫以外，便都帶點誘惑的鬼氣。”[4]

從現代的眼光來看，要求女性恪守從一而終式的貞操，是絕對不道德的。因為這一貞操律令既是反人道的，也是對作為目的而不是手段存在的女性的個性自由的嚴重踐踏。與“一女不事二

---

3 周作人《隨感錄》三十四，《新青年》5 卷 4 號，1918 年 9 月。
4 魯迅《墳・我之節烈觀》。

夫"的反人道貞操律令構成邏輯關聯的便是"餓死事極小，失節事極大"式的道德壓迫，從物質生存的角度來看，它造成了女性"貧而無依，老而無告"的悲慘境遇，從精神存在的角度來看，它嚴重扭曲了女性個體的自由意志，並道貌岸然地戕殺了女性在兩性關係領域自由選擇的權利。這個問題可以區分成三個層面，首先，在傳統社會，女性或男性由於"父母之命，媒妁之言"的倫理約束，已經被剝奪了自由擇偶的權利；其次，在女性被動接受了必須對其交付精神與肉體的丈夫之後，由於從一而終的貞操律令，又被剝奪了基於自由意志再次選擇情愛物件的權利，在這一點上，同受倫理綱常壓制的男性卻被賦予了極大的自由，他們可以通過娶姨太太乃至狎妓的方式彌補首次擇偶權旁落於在傳統倫理梯次中僅次於"君命"的"父母之命"所引致的"文明中的不滿"（佛洛德語），並藉以獲得多元化的情愛生存；最後，從一而終式的貞操律令還剝奪了女性在丈夫死後重新選擇、重獲新生的權利，這實質上是賦予了一個死者壓迫一個生者的權利，其充滿血腥氣的反人道本性由此達到了極致。

　　從上述三個層面的解析可以看到，"一女不事二夫"的反人道貞操律令包含著對女性的三重禁制和壓迫，等於徹底剝奪了女性在兩性關係領域的選擇權和自由權，這和"剝奪政治權利終身"的死刑宣判同樣散佈著死亡與恐怖的氣息，其慘酷程度用反人類傾向來形容也毫不爲過。此外，"一女不事二夫"的反人道貞操律令固然荒誕，但更荒誕的是，這一道德律令居然會在大唱"仁者愛人"、"已所不欲，勿施於人"高調的傳統語境中產生、強化並成爲倫理範世的基本教條，或稱"鐵打的婦德"[5]。

張愛玲在考察《桃李爭春》一片的倫理問題時對反人道貞操律令的社會歷史根源有所覺察，她說：

> "《桃李爭春》是根據美國片《情謊記》改編的，可是它的題材卻貼戀著中國人的心。這裏的賢妻含辛茹苦照顧丈夫的情人肚裏的孩子，經過若干困難，阻止那懷孕的女人打胎。 —— 這樣的女人在基本原則上具有東方精神，因為我們根深蒂固的傳統觀念是以宗祠爲重。"

"以宗祠爲重"也就是以家族延續、財產繼承爲優先考慮，"不孝有三，無後爲大"、"嫁夫從夫，夫死從子"云云，就是這一宗祠觀念的極端性道德表述。傳統社會的家 —— 天下結構決定了家族本位的倫理觀念，"孝爲大本"的儒家思想即是這一倫理觀念的意識形態化表達，以此觀念爲基點且以"三綱五常"、"忠孝節義"爲主體的倫理規範，又反過來強化了家 —— 天下式的社會結構，宋明理學的"倫理範世"意識，即體現了以倫理規範強化固有社會結構的高度自覺。從上述分析可以看到，《桃李爭春》中"賢妻"阻止丈夫的情人打胎這一令現代人匪夷所思的倫理行爲，實則有著深刻的社會歷史根源。

不過，張愛玲對這一倫理行爲的知識考古學式的解釋顯然是不全面的，因爲，"以宗祠爲重"這一傳統觀念並不足以說明"一女不事二夫"式的反人道貞操律令的歷史成因。須知，"賢妻"阻止丈夫的情人打胎這一倫理行爲不僅僅是作爲普遍性倫理訴求的"孝道"的體現，它還關涉到對女性的特殊倫理規範問題，也

---

5 張愛玲《談畫》，《張愛玲蘇青散文精粹》。

就是說，這一行爲同時也是“婦德”的體現。這一點不難理解，試想，爲什麼偏偏是“賢妻”阻止丈夫的情人打胎，而不是“賢夫”阻止懷有“孽種”的妻子打胎？爲什麼自古主張“一女不事二夫”，而不是“一夫不事二女”？如果說，異母共父是純種的保證，是操控女性身體以維護家族血統的需要，那麼，異父共母不也同樣能達到這一目的？由此可見，“一女不事二夫”式的反人道貞操律令不僅僅導源於“以宗祠爲重”的傳統觀念與家族本位的倫理訴求，還導源於父權體制與男性中心的倫理秩序。

　　從《桃李爭春》中的“賢妻”自覺阻止丈夫的情人打胎這一具有象徵意味的虛擬情節可以看出，“一女不事二夫”與“以宗祠爲重”的傳統觀念已經積澱爲女性的道德意識，並構造出女性的特殊道德感，用心理學的術語來說，家族本位與男性中心的倫理秩序通過長期的道德教化與權力運作已經內化爲女性的心理結構。如果從現代的眼光來審視，這一心理結構無疑體現著心理變態的症候，具體而言，就是一種兩性關係領域的心理自虐。須知，對性伴侶忠貞的道德訴求，是兩情相悅的愛情或婚姻的一種自然生發的願望，而不僅僅是外在禁令或控制欲的體現。長期遏制這種自然生發的情感願望必然會導致心理病變，這就好比長期纏裹腳布會導致腳部變形。此外，反人道貞操律令不僅僅造就了女性的心理變態，也造就了男性的心理變態，或者說是強化了男性的自私心理這一性惡傾向，其病症之一就是對女性貞潔的賈似道式的病態苛求。以激發善性（如“性善論”）或遏制惡本能（如“性惡論”）爲應然取向的傳統倫理卻反過來強化了作爲實然存在的性惡傾向，可以說是一個莫大的諷刺。尤爲嚴重的是，這類男女性的雙向心理變態還延伸到了當代。目前仍然普遍存在的自己可以越軌、妻子必須忠誠的道德雙軌制式的陰暗心理，及女性的〝嫁雞隨雞〞或死心塌地式的固戀心理，其實都是有著深刻的社會歷史根源的心理症候。從這個意義上說，性道德與兩性倫理層面的人道主義啓蒙還遠未過時。

另需說明的是，〝以宗祠爲重〞及男性中心的倫理意識，並非是東方文化的特產，西方社會也同樣出現過類似觀念。從英國女作家簡‧奧斯汀的小說《傲慢與偏見》（1796）中即可窺見端倪。小說中的班納特先生擁有年進兩千磅的地產。根據遺囑上的附加條款，這份產業必須傳給男性接班人，班納特夫婦沒有兒子，產業要由一位遠親繼承。[6]此外，由於男人屬於公共社會（public man）/女人屬於私人空間（private woman）—— 類似中國所謂〝男主外，女主內〞 —— 式的身份性社會分工及倫理束縛，女性基本沒有工作權，若要謀職，就只能去當命運類似於〝黑奴〞的家庭女教師。因此，班納特夫婦的五個女兒幾乎沒有生活保障，只能等著結婚。換言之，在當時的英國社會，沒有財產繼承權和平等工作權的女性，除了結婚，簡直就沒有別的出路。這一婚姻功利化的現象恰恰是和英國社會一度存在的〝以宗祠爲重〞及男性中心的倫理意識相表裡的。且不論 18 世紀英國社會的現象是否能夠推及整個西方社會，但無論如何，張愛玲不加分析地把〝東方精神〞這頂高帽戴到〝以宗祠爲重〞的傳統觀念頭上，未免有些武斷。

---

6 簡‧奧斯丁《愛瑪》第 35 章，遠方出版社，2001。雖說奧斯丁是位小說家，她在小說中反映的問題也許只是小說家言，但奧斯丁小說的現實主義品質決定了其較大的可信度。西方馬克思主義批評家大衛‧戴克思因此認爲，在〝揭露人類行爲的經濟原因方面〞，簡‧奧斯丁〝從某種意義上說在馬克思以前就是馬克思主義〞者了。（參見伊揚‧瓦特編《奧斯丁：批評文選》，1963。）

第二節　過度的倫理犧牲與不合時宜的"婦女典型"

在勘定"一女不事二夫"式的貞操律令的社會歷史根源（家族本位的倫理訴求／父權體制與男性中心的倫理秩序）及其反人道、反人類的不道德實質的前提下，本文接下來將從道德判斷的邏輯性層面考量片面的道德律令（如"在多妻主義的丈夫之前，遵行一夫一妻主義"）的合法性問題。

魯迅在反思傳統節烈觀時說：

"節烈是否道德？道德這事，必須普遍，人人應做，人人能行，又於自他兩利，才有存在的價值。現在所謂節烈，不特除開男子，絕不相干；就是女子，也不能全體都遇著這名譽的機會。所以決不能認爲道德，當作法式。上回《新青年》登出的《貞操論》裏，已經說過理由。"[7]

魯迅此處提到的《貞操論》係日本女作家與謝野晶子所作，由周作人翻譯的譯文刊登在《新青年》第四卷第五號（一九一八年五月）。文中列舉了在貞操問題上的種種相互矛盾的觀點與態度，同時指出了男女在這方面的不平等現象，認爲貞操不應該作爲一種道德標準。

魯迅所謂"道德這事，必須普遍"的觀念顯然是把與謝野晶子的貞操觀擴展到了整個道德領域。具體而言，與謝野晶子只是

---

[7] 魯迅《墳·我之節烈觀》。

勘定了貞操律令這一具有男女不平等傾向的道德規範的非道德實質，魯迅則是在此基礎上試圖解構一切具有倫理不平等傾向的道德律令。按照魯迅本人的闡釋，"道德這事，必須普遍"的意思是說任何一種道德規範必須是"人人應做，人人能行，又於自他兩利，才有存在的價值"，也就是說，在道德面前，人人平等，沒有人可以享受凌駕於道德規範之上的特權，正如沒有人可以享受凌駕於道德規範之上的特權。無疑，人人平等並不限於男女平等，還應包括各族裔之間的平等、各階層之間的平等等諸多方面。這就意味著，在道德面前，沒有任何人可以借助其身份優勢（如男性，非少數民族，權力階層）獲得倫理道德領域的特權，如果某一種道德規範只是對某一特定身份的人群或弱勢群體（如女性，少數民族，非權力階層）的戒律，如"在多妻主義的丈夫之前，遵行一夫一妻主義"式的道德律令，便是一種片面的道德規範，按照"道德這事，必須普遍"的標準，這類道德規範即是一種不道德的道德要求，或至少是一種非道德的道德要求。

《桃李爭春》中的賢妻即是這類不道德的道德要求的受害者，而且是一個沒有任何反抗意識的受害者，張愛玲對此質疑道："在今日的中國，新舊思想交流，西方個人主義的影響頗佔優勢，所以在現代社會中，這樣的婦女典型，如果存在的話，很需要一點解釋。即在禮教森嚴的古代，這一類的犧牲一己的行為，裏面的錯綜心理也有可研究之處。《桃李爭春》可惜淺薄了些，全然忽略了妻子與情婦的內心過程，彷彿一切都是理所當然的。"確實，一般說來，大約沒有人會自願做一個受害者，除非她是一個受虐狂，或者她是不自覺地做了受害者，《桃李爭春》中的賢妻就是一個將不道德的道德要求內化了的不自覺的受害者，這樣的女性在現代社會恐怕是不多見了，張愛玲的批評還是相當犀利的。張愛玲本人所塑造的角色陳思珍是個“處處委屈自己”的上海弄堂裏的太太，表面上有點類似於《桃李爭春》中的“賢妻”，但她有手腕，有心機，她的沒出息的丈夫其實盡在她掌控之中，這樣的形象顯然要豐滿得多，也可信得多。《梅娘曲》中的梅娘也是一個不道德的道德要求的受害者。她因爲被丈夫誤認爲與人偷情而被休掉，休妻的理由自然是妻子觸犯了應對丈夫忠誠的道德戒律，問題是，梅娘丈夫是個貪花好色的嫖客，早就對妻子有不忠的行爲，他有資格要求梅娘恪守貞操嗎？站在現代人的立場回答這個問題，答案自然是否定的。但在持片面貞操觀或道德觀的傳統道德家看來，梅娘丈夫三妻四妾也好，尋花問柳也好，照樣有資格要求妻子不動邪情。魯迅在反思多妻主義的男子是否有資格表彰節烈時論述到：

> “多妻主義的男子，有無表彰節烈的資格？替以前的道德家說話，一定是理應表彰。因為凡是男子，便有點與眾不同，社會上只配有他的意思。一面又靠著陰陽內外的古典，在女子面前逞能。然而一到現在，人類的眼裏，不免見到光明，曉得陰陽內外之說，荒謬絕倫；就令如此，也證不出陽比陰尊貴，外比內崇高的道理。況且社會國家，又非單是男子造成。所以只好相信真理，說是一律平等。既然平等，男女便都有一律應守的契約。男子決不能將自己不守的事，向女子特別要求。若是買賣欺騙貢獻的婚姻，則要求生時的貞操，尚且毫無理由。何況多妻主義的男子，

來表彰女子的節烈。"[8]

可見，在魯迅看來，對忠誠的道德訴求必須是雙向的，也就是普遍適用於男女或夫妻雙方，它是一種"男女一律應守的契約"。魯迅的倫理平等主義理念無疑受到了西方契約論與民主思想的影響，突出體現了魯迅倫理思想中的"現代性"。對於倫理平等主義的最經典的現代闡釋來自捷克著名反極權主義學者與政治家哈威爾，他指出，"人權是不可分割的。對某些人不義，就是對所有人不義" （It has been demonstrated that human rights are indivisible and that if injustice is done to some, it is done to all.）[9]這一觀點的深刻處在於，他提請每一個借助其身份優勢獲得某種道德特權或社會特權的人注意，對其他身份的人的不義之舉，遲早會降臨到他們頭上。因為一個人既然因為某種身份成為受益者，他也可以因為某種別的身份而成為受害者。（德國新教神父 Martin Niemoeller 在美國波士頓的猶太人屠殺紀念碑上留下過一首懺悔詩，大意是：起初他們追殺共產者，我不是共產者，我不說話；接著他們追殺猶太人，我不是猶太人，我不說話；後來他們追殺工會成員，我不是工會成員，我繼續不說話；再後來他們追殺天主教徒，我不是天主教徒，我還是不說話；最後，他們奔我而來，再也沒有人替我說話了。）[10]此外，從邏輯上來說，當對某些人

8　魯迅《墳·我之節烈觀》。
9　Vaclav Havel, Address to the Senate and the House of Commons of the Parliament of Canada, Ottawa, April 29, 1999.
10　原文如下： "First they came for the Communists, but I was not a Communist so I did not speak out. Then they came for the Socialists and the Trade Unionists, but I was neither, so I did not speak out. Then they came for the Jews, but I was not a Jew so I did not speak out. And when they came for me, there was no one left to speak out for me." Wistrich, Robert S. Who's Who in Nazi Germany. NY: Routledge Press, 1995.

的不義被默許時，當某些人的人權被踐踏而得不到申張時，不義就被合法化，人權就成了特權。從這個意義上說，兩性倫理中存在的對女性的不義，如借助片面貞操觀對女性的壓迫，不僅是對女權的踐踏，也是對人權的踐踏。因爲，對女性的不義，也就是對男性的不義。男性可以借助其性別優勢成爲不義的倫理秩序的受益者，他同樣會因爲其他身份上的劣勢而成爲不義的倫理秩序的受害者，如有著 "刑不上大夫" 特權的封建官吏（男性/權力階層）就屢屢因 "君要臣死，臣不得不死" 的道德律令而被剝奪了生命權。因此，平等的訴求與人權的保障必須是面向各個領域、各個階層和各個身份的人群的，否則就是片面的，不道德的，也是違背正義原則的。

由於在倫理不平等的秩序中，必然有某一身份的人群或階層成爲受益者，如男性在不平等的兩性倫理秩序中，就是長期的受益者，片面貞操觀只是有利男性的性道德觀之一種而已。從這個意義上說，不平等的或片面的道德律令、倫理規範其實是利己主義倫理意識的體現。比一般只求自身的生存與發展的利己主義者尤爲嚴重的是，以倫理不平等主義爲前提的倫理利己主義者（如制定片面貞操律令的男性）還要求別人或別的身份的人群或階層（如女性)成爲自覺的利他主義者。《桃李爭春》中的賢妻就是 "犧牲一己" 以成全丈夫的倫理利他主義者的一個樣板。張愛玲對一角色所傳達的倫理內涵顯然頗不以爲然，她一方面批評《桃李爭春》的導演李萍倩對角色 "犧牲一己" 的行爲所關涉的 "錯綜心理" 缺乏研究，以致 "全然忽略了妻子與情婦的內心過程，彷彿一切都是理所當然的。" 另一方面又揶揄男性觀眾，也就是片面貞操觀及利 "他" （僅指男性）主義的受益者說， "尤其使男性觀眾感到滿意的是妻子與外婦親狎地，和平地，互相擁抱著入睡的那一幕。"張愛玲還從演員的角度對體現了該片"淺薄"性的表演藝術作了點評："陳雲裳在《桃李爭春》裏演那英勇的妻，太孩子氣了些。白光爲對白所限，似乎是一個稀有的樸訥的蕩婦，只會執著酒杯：'你喝呀！你喝呀！'沒有第二句話，單靠一雙美麗的眼睛來彌補這缺憾，就連這位'眼科專家'也有點吃力的樣子。"從張愛玲的這些批評文字可以看出，她已經意識到導演的倫理觀念會直接影響到角色刻劃（形象的扁平化，對話動作的單一化，心理表現的簡單化）與情節安排（以妻子與外婦的和平共處解決"婚外情"問題），在此意義上說，《桃李爭春》一片的"淺薄"，實質上就是導演在倫理觀念上的"淺薄"。這種批評思路實質上是倫理批評與電影敘事分析的結合。

對於要求別人利他的變態倫理利己主義者，王朔的諷刺可謂一針見血，他筆下的頑主"慈愛"地對女兒說，"扣子，聽爸的，街上全是壞人 —— 他們都叫你學好，好自個使壞。"（《一點正經沒有》）那些制定片面貞操律令的假道學，那些宣揚奴性道德（不同於尼采所謂憐憫、同情等"奴隸道德"）的御用文人，在筆者看來，都可歸入頑主所謂"壞人"之列，其深層的動機其實就是使倫理不平等秩序的受益者的身份優勢得以長久保持。

較之王朔的極具顛覆意義的諷刺，魯迅的相關反思顯然更具建設性，他指出，道德這事，除了"人人應做，人人能行"外，"又於自他兩利，才有存在的價值"。所謂自他兩利，也就是既利己，又利他。換言之，任何一種道德訴求都必須既是利己的，又是利他的，否則就是不道德的，因而也是沒有存在價值的。從兩性倫理的角度著眼，任何一種道德訴求都必須既是有利男性的，又是有利女性的，否則就是一種"不顧別人的民情"的"畸形道德"。魯迅的這一倫理道德表述契合於西方的"進化論倫理學"，後者是一種以調和或反思西方傳統利己主義和利他主義之爭爲重要內涵的現代倫理思想。爲了更好地把握魯迅所謂"道德這事"應"自他兩利"的觀點及其價值，有必要對進化論倫理學的基本觀點及西方傳統的利己主義與利他主義之爭作一扼要介紹。

進化論倫理學發端於 19 世紀下半葉的英國，它是一種社會有機進化論的變種，也是近代英國經驗主義倫理學傳統的一種現代新發展。作爲進化論倫理學派主要代表的斯賓塞對利己主義與利他主義的起源、相互關係及其進化的歷史趨向進行了詳盡論證，其理論成就"遠遠超過了歷來關於利己和利他關係的傳統理論範型"。[11]在斯賓塞之前，利己主義與利他主義之爭就一直是英國倫理學領域的重大話題。17 世紀以霍布斯等人爲代表的經驗主義倫理學，基本上傾向於以利己主義作爲道德的基本原則。霍布斯把人類的存在和發展劃分爲"自然狀態"和"社會狀態"，認爲人的天性是自私自利的，在自然狀態下，人人之間如豺狼相逐，通過制定社會契約，人類才步入社會狀態，而這一轉變是以人類整體生存的要求作爲外在強制性前提的。另一派是以"劍橋柏拉圖學派"和以休謨、亞當·斯密爲代表的英國近代情感主義倫理學，他們主張人的本性是天生賦予的同情感和利他心，因而反對霍布斯等人的利己主義。18 世紀末以來，以邊沁、密爾父子等人爲代表的功利論者以調和利己和利他的道德矛盾爲前提，提出

---

11 萬俊人《現代西方倫理學史》第一編第二章第二節，北京大學出版社，1990。

了 "最大多數人的最大幸福" 的原則，但在斯賓塞看來，這一功利原則無助於解決利己與利他的矛盾，因爲它既不適用於社會，也不適用於個人，對社會來說，這種原則忽略了個人，不適於每個社會成員的利己行爲，而就個人而言，它又不可能實現，跡近荒唐。

在總結批判前人觀點的背景下，斯賓塞系統建構了以折衷利己主義與利他主義爲特徵的進化論功利倫理觀。他認爲，任何把利己主義或利他主義推向極端的作法都是錯誤的，唯一正確的態度是求得兩者之間的 "和解" （compromise）。他用通俗的語言表述說： "'爲自己而生活' 的格言如果是錯誤的；那麼， '爲他人而生活' 的格言也是錯誤的。因此，和解是唯一的可能性。" [12] 他又從行爲發生學的角度指出，人類的自我保存是自我生命調節的基本目的，只有在實現了這一目的的前提下，一個人才能夠爲後代、同類的快樂和幸福而行動，因此，利己主義先於利他主義，並使利他主義成爲可能。斯賓塞進而指出， "利他主義同時也就包含了利己主義" ，因爲 "能夠使個人更好地保存自身的優越性，也能夠使個人由此而來的物種得到更好的保存" 。[13]換言之，個人與種族的自然聯繫，決定了以自我保存爲目的的利己主義和以種族保存爲目的的利他主義本來就相互包含，因爲個人的自我保存本身也是一種種族自保和延續。

在堅持利己主義在發生學意義上的優先性的同時，斯賓塞又肯定了利他主義發展趨勢的最終優勢和理想性。在他看來，源於同情心的利他主義經歷了一個由血親利他主義（家庭利他主義）

12　同上。
13　同上。

到社會利他主義的逐步進化過程，"儘管社會型的利他主義缺乏某種血親利他主義的因素，也永遠不可能達到同樣的水準，但人們仍然可以期待它獲得這樣一種水準，即在這種水準上，它將象血親利他主義一樣，是自發性的，而且為他人幸福服務也將成為日常的必需，利己主義的滿足將持續地從屬於更高的利己主義滿足，人們不僅努力服從它們，而且會偏愛這種更高的利己主義滿足。"[14]我以為，斯賓塞的這一觀點實質上把社會利他主義看成是自發性的利己主義的更高階段，也就是在進化論的框架內把利他主義納入了利己主義的演化進程，並通過把利他主義定位為更高的利己主義而頗具理論自洽性地化解了利己主義與利他主義的衝突。

　　魯迅所謂"道德這事"，"又於自他兩利，才有存在的價值"，與斯賓塞的進化論功利倫理觀一樣，均以人們行為的功利效果作為道德價值之基礎，因而同屬於與道德義務論相對立的道德目的論範疇。他主張道德訴求應兼顧利己動機與利他動機的調和論功利取向，雖然缺乏斯賓塞式的以西方傳統的利己主義與利他主義之爭為背景的系統論證，卻與斯賓塞的結論相契合。我以為，"道德這事"應"自他兩利"的觀點是符合人性特質的合理要求。一方面，"惻隱之心，人皆有之"，另一方面，人也天生具有自私傾向，精神分析的本能理論及當代社會生物學的"基因自私論"已分別從人的生理結構和心理結構揭示出了這一點。因此，極端利他主義或極端利己主義都是一種違反人的本性的觀念，因而是一種虛偽的或烏托邦式的倫理主張。按照梯利的經典

---

14 同上。

表述，人既有自愛（利己）的感情衝動，也有同情（利他）的感情衝動，而利己和利他動機的混合，不但不是不道德的，而且能夠最好地實現道德目的。[15]

由上可見，張愛玲所批判的片面貞操律令之所以是不道德的，一方面固然是因爲它的倫理不平等實質，另一方面也是因爲它極爲苛酷地壓抑了女性的利己衝動。張愛玲在分析《桃李爭春》中的"賢妻"這一類"婦女典型"時提到，應在"西方個人主義"的參照下對其·"犧牲一己的行爲"背後的"錯綜心理"進行考察。我以爲，此處所涉及的"錯綜心理"的基本內涵就是利己動機與利他動機的衝突。前文指出，對性伴侶忠貞的道德訴求，是兩情相悅的愛情或婚姻的一種自然生發的願望，而不僅僅是外在禁令或控制欲的體現。那位"賢妻"在宗祠觀念和夫權專制的制約下，壓抑了以佔有配偶爲本能取向的利己動機，而聽從於斯賓塞所謂"家庭利他主義"的驅使。從這個意義上說，其阻止外婦打胎的倫理犧牲行爲可以看成是是利他動機壓倒利己動機的結果。

不過，同樣是利他動機壓倒利己動機，內心的衝突程度卻因人而異。如果那位"賢妻"在不平等的兩性倫理觀念的長期教化下，業已喪失了個體意識，比如因個體意識而生的嫉妒心，那麼，她對於以佔有配偶爲本能取向的利己動機的壓抑就可能是不自覺的，其內心的衝突程度就不會非常激烈。如果那位"賢妻"在長期教化之下還有較強的個體意識，那麼，她對於以佔有配偶爲本能取向的利己動機的壓抑就必然是自覺的且帶有屈服於夫權與族

---

15 梯利《倫理學導論》（何意譯）第九章 3-9 節，桂林：廣西師範大學出版社，2002。

權專制的被動性，其內心的衝突程度就會比較激烈，王熙鳳毒害外婦之舉，從純心理的角度來看，恰恰是利己動機不甘屈服於夫權專制與家庭利他主義的極端表現。如果那位 "賢妻" 是業已受到 "西方個人主義" 影響的莎菲式的人物，她可能壓根不會理會什麼夫權意識和宗祠觀念，她內心中的利己與利她之爭，可能更純然地是一種應不應為所愛者犧牲的衝突，這其中所經歷的嫉妒心（利己）與同情心（利他）的爭鬥想必是非常激烈的，只要看看美狄亞與奧賽羅這兩位體現著 "嫉妒" 母題的典型人物在嫉妒心驅使下的所作所為，就可以想見這種內心衝突的激烈程度。至於張愛玲筆下的白流蘇式的現代都市女性，有的只是愛情關係中的精巧算計，她們的為個人主義所主宰的靈魂與傳統禮教所推崇的倫理犧牲根本就是絕緣的，作為敘事者的張愛玲在小說中現身評論范柳原與白流蘇的傾城之戀時說： "他不過是一個自私的男人，她不過是一個自私的女人。在這個兵荒馬亂的時代，個人主義者是無處容身的，可是總有地方容得下平凡的夫妻" [16]，這樣的一個白流蘇與《桃李爭春》中那樣一個"賢妻"倒真是恰異其趣。此外，從歷史的角度來看，片面的貞操律令不僅極為苛酷地壓抑了女性的利己衝動，它同時也縱容了男性的利己衝動，並造就了男性的心理變態，或者說是強化了男性的自私心理這一性惡傾向，如前所述，其病症之一就是對女性貞潔的賈似道式的病態苛求。在現代社會，男性對女性的變態心理又有了新的症候，那就是妻應 "聖潔" 與情婦應 "熱烈" 的雙重標準，張愛玲揶揄說， "普通人向來是這樣把節烈兩個字分開來講的" ，而 "也許每一

16　張愛玲《傾城之戀》。

個男人全都有過這樣的兩個女人"。[17]

　　我以為，倫理犧牲如果只是對女性或某一類人的特殊要求，比如單方面提倡妻子"犧牲一己"以成全丈夫，就是不道德的。此外，倫理犧牲如果超出了人性可以承受的範圍或壓根是正常人性被閹割的結果，也同樣是不道德的。如果有人對不道德的倫理犧牲大唱讚歌，不是因為他是這類犧牲的受益者，就是因為他對人性的複雜性缺乏瞭解，並對所有個體的基本權利缺乏尊重。對於前者，必須加以批判，對於後者，則需要啟蒙。

餘論　關於懲罰正義

　　張愛玲的《借銀燈》一文在揭示了傳統兩性倫理的片面性的前提下，論述說：

> "丈夫在外面有越軌的行動，他的妻是否有權利學他的榜樣？摩登女子固然公開反對片面的貞操，即是舊式的中國太太們對於這問題也不是完全陌生。為了點小事吃了醋，她們就恐嚇丈夫說要採取這種報復手段。"

　　很顯然，舊式中國太太們所暗示的報復手段，是一種近乎本能的、體現了張愛玲所謂"原始性公平"的懲罰方式。問題是，這種"以怨報怨"式的原始懲罰方式在現代社會是否具有合理性？從倫理層面來說，它是否有助於懲惡揚善，因而合乎道德理性的？

　　在解答這兩個問題之前，有必要對人類報復行為的根源與特性加以瞭解。按照朱蘇力的看法，報復是受侵犯的生物個體出於

---

17 張愛玲《紅玫瑰與白玫瑰》。

生物本能而激發的對於侵犯者的抗爭和反擊，它在生物界和人類社會中廣泛存在。特別是當利益受損時，人類表現出的下意識的反應更爲明顯，包括情緒上的氣憤和行動上對侵犯者的懲罰。此種報復性反應，是生物學的正常現象，是任何一種生物在自然界生存競爭的基本需要和本能。而在初民社會以及其他缺乏有效公權力防止和制裁侵犯行爲的社會，原始報復行爲也具有一種特定的維繫秩序的功能。朱蘇力又在區分原始報復與理智復仇的前提下指出，當理智與文化進一步發展成熟，人們學會"曲蠖之曲，以求伸也"的暫時隱忍，事態便發展到了有計劃的等待時機和最終復仇，形成適者生存的自然社會選擇。但換個角度說，正是由於從本能的報復發展到復仇，人們之間激烈衝突的頻度反倒可能降低，依據也是：畏懼報復，特別是畏懼由於文化發展而出現的復仇。從某種意義上說，當今世界的高度科技、法制文明是以復仇爲支撐的，沒有復仇的威懾，就沒有這種行爲的文明。[18]

　　朱蘇力的觀點顯然是從社會學/法學的角度論證了報復/復仇行爲的相對合理性，但他沒有提供界定報復行爲的合理性的標準，比如，該如何評價張愛玲筆下的曹七巧因爲自己婚姻不幸而破壞女兒婚姻的滯後性報復行爲[19]？具體到懲治所謂"越軌"的問題上，何種形式的報復行爲是合理的？何種形式的報復行爲是不合理的？

　　我以爲，有仇必報是人的本能，也是符合"原始正義"原則的，否則無法解釋"殺人償命"這一古老律令何以至今還有其適

18　朱蘇力《復仇──永久的潛伏：以〈趙氏孤兒大報仇〉爲例談復仇與法律》，北京大學校刊，2002 年 11 月 13 日。
19　張愛玲《金鎖記》。

用性與合法性。爲什麼受了別人侵害，還要無償寬諒他？被人打了左臉還要伸出右臉去讓人打的教義或做法，只能滿足對方的虐待癖。問題是，人們該如何復仇？　由誰來執行？套用托爾斯泰在《安娜‧卡列尼娜》扉頁引用的"伸冤在我，我必報應"這一基督教神諭，這個問題可以表述爲：伸冤在誰？誰必報應？這個伸冤者肯定不能是當事雙方，而只能是代理人或代理機構。法院在現代法治社會中就承擔著這樣的功能。它避免了受害者直接採取報復行爲，但又通過法律手段爲受害者伸了冤，代行了合法的復仇行爲。（正當防衛也許是個例外，但它同樣需要代理機構裁定其合法性。）除了伸冤者一般不能是當事雙方外，一個合理的報復行爲還需要滿足以下條件：1）不能殃及他人，2）不能侵犯當事人的基本權利。

　　曹七巧的報復行爲之所以是不合理的，主要是因爲她報復的對象是無辜的，也就是殃及了他人。李銀河認爲，任何懲治婚外性關係的法律，其實質必定是業已爲現代社會所摒棄的通姦法，而設定通姦法的實質就是把處置婚外性關係（它是發生在有道德選擇能力的成年人當中的自願行爲）的權力交給員警和國家，這無疑是每一個人自由生活空間的縮小。[20]我以爲，自由生活空間的縮小，必然會造成對當事人的基本權利的侵犯，因此，設立通姦法並非合理的代理復仇措施。那麼，"以怨報怨"是不是一種合理的報復行爲呢？顯然也不是。一方面，這一報復行爲不屬於代理復仇，另一方面，它可能會殃及他人，而且，從倫理層面來說，它屬於以惡報惡，無助於懲惡揚善。

20　劉詳和《2001 年全國"社會發展改革與應用倫理研討會"綜述》，北京大學應用倫理中心網站，2002 年 3 月 18 日。

　　一種合理的報復形式應當是這樣的，它雖然以懲罰侵害者為指向，但並未採取類似於侵害者的侵害行為的懲罰手段，換言之，它不是"以怨報怨"式的同態復仇行為，更非以惡報惡式的復仇行為，它既回敬了受害者已經受到的傷害，並有可能使侵害者"對自己的不義行為感到悔恨"，也使其他有行惡傾向的人"由於害怕同樣的懲罰"而"感到驚恐"，從而有效地遏止惡行，又沒有重複侵害者的"不義行為"。[21]從邏輯上來說，以不義回敬不義並不能伸張正義，以惡報惡也不能轉惡為善，用張愛玲的話來說，"兩個黑的並在一起並不是等於一個白的，二惡相加不能成為一善。"由於"以怨報怨"這一在某些學者眼裏代表著非公權社會"最高道德"的同態復仇理念 往往會催生新的惡行，且從行為效果來看，直接的同態復仇（也就是不借助代理機構的同態復仇）往往有助於"懲惡"，而無助於"揚善"，因此，"以怨報怨"式的復仇理念及相應的復仇行為無論從實踐理性還是價值理性的角度來看，都不盡合理。在法治社會，直接的同態復仇行為還會因為觸犯法律而受到懲罰。例如，"殺人償命"屬於典型的同態復仇，也符合原始的正義原則，但受害者的親人如果直接殺死侵害者而不是通過合法的代理機構代行復仇，那他也難逃法律懲罰。法治社會畢竟不同於江湖社會，容不得大俠式的"快意恩仇"。

　　除了"以怨報怨"，還有兩類傳統的對待惡行或侵害的方式，也就是"以德報怨"和"以直報怨"。在探討這三種方式的優劣之前，先引錄孔子的相關表述如下：

21　參見亞當·斯密《道德情操論》（蔣自強等譯）第二卷第二篇第一章，商務印書館，1997。

　　"子言之：仁者天下之表也，義者天下之制也，報者天下
之利也。子曰：以德報德，則民有所勸；以怨報怨，則民
有所懲。"（《禮記‧表記》）

　　"或曰：以德報怨，何如？子曰：何以報德？以直報怨，以
德報德。"（《論語‧憲問》）

　　這兩段記在孔子名下的言論表明了孔門儒學尚"以怨報
怨"而非"以德報怨"這一和佛教相左的觀念。佛經以爲，"以
怨報怨怨終不滅，以德報怨怨乃盡耳"，又說，"世間之孝以怨
報怨，如草滅火；勝義之孝以慈報怨，如水滅火。"[22]不過，孔、
佛雖然在如何應對惡行或侵害的問題上存在分歧，但在關注應對
行爲的功利效果（"報者天下之利也"）這一點上卻是一致的。
"以怨報怨，則民有所懲"與"以怨報怨怨終不滅"這兩種立場
相左的表述，著眼點其實都在於"以怨報怨"這一報應方式的實
際效果，前者肯定這一報應方式的懲戒作用，後者則以爲這一方
式是懲而不戒（戒除），也就是否定了"以怨報怨"的懲戒作用。
如前所述，"以怨報怨"確有可能催生新的惡行，但這並不能反
證"以德報怨"就可以戒除惡行。對良知受蒙蔽的人來說，"以
德報怨"只會助長其行惡的氣焰。此外，如果"以德報怨"真有
戒除惡行的作用，多數懲罰性法律就該掃入歷史垃圾堆了。

　　我以爲，"以怨報怨"和"以德報怨"都不可取，而同樣爲
孔門儒學所崇尚的"以直報怨"，才是人間正道，既合乎價值理
性，又有實際功效。"以直報怨"的"直"，是指不隱曲、不頑
滯，從其性情之正而不徇私欲。"以直報怨"大體可以解釋爲以

22　《梵網經古跡記》（卷三），不忍違犯戒第一。

公正合度的方式應對惡行或侵害。從行為效果上來說，公正合度的懲罰方式是最有效的制止惡行或侵害的方式。有學者認為，"以直報怨"式的懲罰方式的有效性可以從現代博奕論找到依據。博奕論的研究發現，當雙方博奕的次數增多時，雙方會逐漸選擇合作的策略。當其中一方意識到合作的好處、而對方沒有意識到時，前者的最佳策略被認為是"一報還一報"，即：如果這次對方採取不合作的策略，下次我也採取不合作策略；如果對方採取合作策略，我也採取合作策略。其含義是，用我自己的行為對對方的行為進行獎懲，以影響對方的行為向自己期望的方向轉變。在個人的層次，這被認為是形成制度過程中的最好的行為方式。而"以直報怨"式的懲罰方式"在某種程度上是超過了'一報還一報'的策略"。"後者多少還有一些'以牙還牙'的報復色彩，這有可能使不合作的情況不斷地存在下去；而在孔子這裏，'以牙還牙'變成了'以直報怨'，也就是說，對不合作者的懲罰是有分寸的，從而更可能使雙方之間的互相報復行為走向收斂，使雙方更快地實現合作。"[23]

　　不過，現代博奕論雖然為"以直報怨"式的懲罰方式提供了理論支撐，但它只是從效果論的角度論證了這一懲罰方式的有效性，而沒有從道義論的角度闡明其合理性。我以為，"以直報怨"是作為"消極美德"的"懲罰正義"的最高體現。"懲罰正義"的核心內涵就是借助強制力量迫使侵害者為自己的侵害行為負起道德的責任及義務，同時賦予受難者審判並懲罰侵害者的權利，從而達到伸張正義與撫平受害者創傷的目的。[24]作為一種公平

23　參見盛洪《中國先秦哲學和現代制度主義》，《管理世界》1993 年第 3 期。
24　參見亞當・斯密《道德情操論》。

合度的懲罰方式，"以直報怨"既能夠懲罰侵害者的不義行為，又能夠避免受害者的懲罰行為淪為不義之舉（實現這一目標的最可靠方法就是通過合法的代理機構行使受害者的懲罰權），從而最大程度地確保了"懲罰"的正義性。

在張愛玲所評說的《桃李爭春》、《梅娘曲》這兩部影片中，看不到妻子應如何有效懲治的理想方案。《桃李爭春》中的賢妻"含辛茹苦照顧丈夫的情人肚裏的孩子"，壓根是盲目地"以德報怨"，《梅娘曲》則索性安排梅娘"死在懺悔了的丈夫的懷中"，並"在男人的回憶裏唱起了湖上的情歌"，也就是讓受害者的死喚起侵害者的良知，這當然也是一種懲罰，也符合"懲罰就是逼人懺悔"（punishment as penance）的理念[25]，但這種懲罰太過偶然。此外，一個人在受侵害之後，也不能老指望有什麼天意或天譴來代行復仇，制度化、人性化的懲治才是現代公民應當追求的目標。

---

25 Cf.Duff,R.A. Punishment, Communication,and Community.New York: Oxford University Press, 2001.Chap. 3.

第二章　儒家倫理現代反思的敘事學轉向

第一節　道德經驗與文學敘事

作為以人的生存狀態與價值取向為關注點的精神學科，倫理學研究應該兼重理論方法的探討和經驗狀態的呈現，亦應兼重宏觀思考和微觀分析。文學敘事具有敏感與個性化這兩項長處，因而最擅長表現人們的經驗狀態，包括道德經驗狀態。

文學作品對個體在實存中的道德經驗狀態的描述，可以視為道德生活史層面的小敘事，它為倫理學研究提供了微觀分析的物件。而小敘事和微觀分析正好構成了本質主義研究的對立面。所謂本質主義研究，也就是以某一普遍化的原理來統攝所有現象與經驗，這一以馭多的研究模式存在著忽略現象與經驗的豐富性與多元性的弊端，對文學敘事的個案考察無疑可以彌補這一缺陷。

以考察道德生活史為背景的倫理 —— 敘事研究應關注中間帶，關注歷史過渡期。歷史過渡期的道德生活史是一流動的道德生活史。陳平原力圖引起研究者重視“晚清的魅力”，而晚清或者說清末民初正是一個我們考察中國人道德生活史的重要過渡期。此一過渡期在文化生態上具有明顯的雜交性，傳統文化的自身嬗變與西方文化的強勢影響在此匯流。通過對此一過渡期中各類小敘事的微觀分析，我們可以觀察到個體的文化姿態由自閉而開放的演進過程，傳統倫理微妙、複雜的現代變遷，如風俗習慣（道德的本義）的變化，以及人們道德自覺的程度，並對中西方倫理觀的碰撞有一細緻、具體的把握。

晚清以來文學敘事語境的複雜化是一個文化事實，其中清末民初、五四前後、後文革時期是三個特別值得關注的階段。傳統文學敘事可以說是一種相對單純語境下的敘事，而晚清以來的文學敘事則可以說是一種複雜語境下的敘事。對複雜語境下的敘事模式的考察，可以說是比較文化和文學研究的一個新思路。我們可以借此抽繹出一種新的敘事模式，也可以借此將比較文化研究細化到個體的經驗狀態，並從中發現並揭示文化差異。

我們處身的時代是一個重文化差異和文化多元的時代，差異和多元的載體是各類小敘事，試圖整合各類小敘事而重新構建宏大敘事，必然要承擔簡化文化生態繁富性的風險，因為，宏大敘事的整一性是以放棄差異和多元為代價的，如果說差異和多元是血肉，宏大敘事就是高大然而光禿的主幹。顯然，這並不意味著宏大敘事就失去了意義，只不過，它必須以充分涵納而不是排斥小敘事為前提。

我們不妨以文學作品中常見的愛情故事為例，進一步說明宏大敘事與小敘事的有機聯繫。在我看來，多數愛情故事的倫理內核不外乎忠貞德性與亂倫禁忌。背叛與亂倫只不過是這兩大倫理內核的反題。文學家通常偏愛倫理或任何其他範疇的反題，因為藉此可以最直接或許也是最深刻地還原人類生存的衝突本質。在關於背叛的文學敘事中，背叛者很難逃脫背叛之惡的反噬，少年維特的夢中情人綠蒂在欲拒還迎的婚外情快要玩出火的當兒，毅然決然地說，已婚的她無意作一個"反叛的受難者"，但並非每一個越軌者都有綠蒂式的冷靜和操控自如，錢鍾書筆下的曼倩在她的精緻偷情中就沒有控制好火候，安娜·卡列尼娜則是地道的"反叛的受難者"。

　　在忠貞德性以正題形式顯現的傳奇敘事中，忠貞者往往成了忠貞的代價，黛絲狄蒙娜就是忠貞德性的犧牲品，竇娥也因爲恪守貞操而遭人陷害，特麗莎則因爲無法效仿湯瑪斯式的靈肉二分的遊戲而陷入精神的絕境，更多具有矢志不渝意向的情人只能以一死以求永恆，如羅密歐與茱麗葉。從敘事藝術的角度來看，忠貞者的受難是愛情傳奇的必要環節，是情節得以向高潮推進的轉捩點，甚至就是高潮本身。這樣來談論忠貞者的受難似乎有點冷血，但這就是悲劇敘事的真相，殉情也就是殉藝術，詩化的獻祭也就是獻祭的詩化。

　　邏輯地來看，忠貞者的受難與背叛者的受難是一個硬幣的兩面，忠貞者因持守忠貞德性而受難（特麗莎式的精神受難或竇娥式的肉身獻祭），背叛者因違背忠貞德性而受難（湯瑪斯式的精神受罰和安娜式的肉身受罰），無論貞或不貞，都免不了受難的過程或結局，這可以說是一種美德弄人式的詩性悖論，把握了這一悖論，也就能勘破諸多愛情傳奇的敘事秘訣。

　　法國作家雷蒙·拉迪蓋的長篇小說《魔鬼纏身》（鄧麗丹譯，上海譯文出版社，2003 年）如果從倫理 — 敘事的角度加以定位，顯然又是一個關於反叛者或背叛者受難的經典文本。該小說帶有自傳性質，講述了身爲中學生的男主人公"我"與已婚少婦瑪爾特的愛情故事。這個發生在一次世界大戰初期的愛情故事可以說少年維特之煩惱的現代版，“我”就是愛欲得償的少年維特，瑪爾特則是終未能抵抗住誘惑的綠蒂。相對於維特而言，“我”並不是一個狂飆突進式的憤青，“我”的反叛只是基於逆反心理、本能衝動和以追求刺激爲主導的自由意志，而並未受到“回歸自然”、“感情自由”、“個人的全面而自由的發展”之類理想主義信念的驅使或蠱惑。“我”之追逐瑪爾特只不過是又一場情愛遊戲的開端，而不像維特鍾情於綠蒂據說是因爲她在舉止行事中保持了一個少女天真無邪的自然本性。而瑪爾特也不同於綠蒂，後者雖然感受到了新潮流的衝擊，卻仍然屈從於舊秩序的統治，她深深覺得，把維特配她自己，才是她深心中隱微的要求。然而已婚的她卻無意作一個“反叛的受難者”，社會的壓力使她不得不發出“終久不能夠長久如是”的悲歎。我們由此可以看到，同樣是關於背叛者的敘事，卻存在著如許微妙的差異，這種差異恰恰是精神生態豐富性的體現，如果動輒一言以蔽之，那就真會遮蔽了我們的視線。

再以丁玲的“小敘事”爲例。和張愛玲相似，丁玲也深受五四前後個人主義和個性化思潮的影響，因此對所謂“東方美德”與“鐵打的婦德”同樣表露出深切的懷疑與不滿。她在這個時期所寫的一系列反思正統道德的小說具有一種直切要害的穿透力，也有一種令人不能不爲之動容與深思的魔力。這些小說大多以女性爲主體，而且，她筆下的主要女性角色幾乎無一例外的都是另類女性或問題女性：分不清夢與現實的夢珂，身爲慰安婦的貞貞，思春入魔的農家媳婦阿毛姑娘，欲火和病魔纏身的莎菲女士，以及較後期小說裏的對革命夫妻式婚姻心懷怨望的杜晚香。很顯然，丁玲描寫這些人物的一以貫之的用意即是挑戰傳統或正統的兩性倫理。可是，如果我們大而化之地把丁玲的兩性敘事視爲女性解放、觀念革命或現代性危機之類宏大敘事的佐證而忽略了對敘事本身的豐富性的體察，就會喪失對人物心態與歷史語境的生動感知。

我們不妨把注意力聚焦在丁玲筆下的莎菲女士身上，細細地揣摩一下她的性體驗、性幻想、性觀念，掂量一下她在性關係問題上的倫理底線。

在我眼裏，病歪歪莎菲女士簡直就是女性解放領域的一位騎士，她勢如破竹地突破了兩性關係層面的諸多傳統倫理戒條（參看清賀瑞麟所編《女兒經》，明呂得勝編《女小兒語》），大焉者如不動"邪情"，不事二夫，小焉者如"休要輕狂"，不可"偷眼瞧人"，"邪話休聽，邪人休處，邪地休行"等，她甚至還突破了同性戀禁忌，但她唯獨沒有突破兩性交往中女性不可主動這一條，它與不可假借愛之名一起，構成了她在兩性性關係層面的倫理底線。

初看莎菲女士的日記，讀到她表白對劍如愛恨交織的那一段，我一直以爲莎菲錯把"他"寫成了"她"。後來才醒悟過來，原來劍如真是位女性。爲什麼莎菲女士只能對"他"愛恨交織，而不能對"她"愛恨交織呢？我的這種先入之見表明了我在潛意識裏對同性戀的排斥。

同性戀者之所以選擇同性戀的方式，主要是因爲他（她）們能夠在同性戀的方式中體驗到愛的樂趣與性的高潮。對許多異性戀者來說，似乎很難想像同性也能如異性一般給人以性吸引或性誘惑。但子非魚，安知魚之樂？倘若同性戀者顛覆了異性戀者的話語霸權，並宣佈異性戀爲不倫乃至非法，試問我等異性戀者將如何自處？

　　也許是破除同性戀禁忌的意識在當時的語境中太過前衛了，莎菲女士也只是在日記中半遮半掩地作了透露。但在表現她對南洋歸僑凌吉士（讀者想必會聯想起《詩經》中的"有女懷春，吉士誘之"）這一令她"第一次感覺到男人的美"的異性的焚身欲火時，她屢有露骨的獨白：

> "我看見那兩個鮮紅的，嫩膩的，深深凹進的嘴角了。我能告訴人嗎，我是用一種小兒要糖果的心情在望著那惹人的小東西。"

> "我把他什麼細小處都審視遍了，我覺得都有把嘴唇放上去的需要。"

> "然而我心裏在想：'來呀，抱我，我要吻你咧！'"

> "當他單獨在我面前時，我覷著那臉龐，聆著那音樂般的聲音，心便在忍受那感情的鞭打！為什麼不過去吻他的他的眉梢，他的……無論什麼地方？"

　　一位女性如此熾烈的暗動"邪情"，令我這個男性讀者不免有些大驚小怪了。倘若讓理學家或衛道士看到了，大約會斷然批下"其心可誅"四字判語，或者街頭潑婦似的吶出一句"婦人動了邪情，橫死也遭罵名"！

　　不過，從莎菲女士的日記中可以看到，她雖然見男色而起意，"邪情"大動，但最後還是發乎"情"，而止乎"禮"了。只不過，情也不是那個情，禮也不是那個禮。情呢，絕對不是"思無邪"的愛慕之情，禮呢，既不是"男女授受不親"的孔孟之禮，更不是"存天理，滅人欲"的程朱之禮。

　　對於禁欲主義，莎菲女士發過這樣一番議論：

"我忍不住嘲笑他們（指毓芳和雲霖）了，這禁欲主義者！為什麼會需要擁抱那愛人的裸露的身體？為什麼要壓制住這愛的表現？為什麼在兩人還沒睡在一個被窩裏以前，會想到那些不相干足以擔心的事？我不相信戀愛是如此的理智，如此的科學！"

莎菲在另一處還作過更直接的表白：

"我就從沒有過理智，……"

但就是這樣一位自稱"沒有理智"的前衛女性，卻仍然受另一種意識所"制裁"而卻步不前。這另一種意識就是女性的自尊，表現在"男女間的怪事"上，即是女性不可主動這一彷彿亙古如斯的道德律令。在與凌吉士的交往中，莎菲女士一直在"色的誘惑"與女性自尊的夾縫中掙扎，用弗洛依德的術語來說，莎菲女士的"自我"始終處在"本我"（性本能）與"超我"（道德理想）的擠壓之中。且看她的自白：

"難道我去找他嗎？一個女人這樣放肆，是不會的好結果的。何況還要別人尊敬呢。"

"我瞭解我自己，不過是個女性十足的女人，……我要他無條件的獻上他的心，跪著求我賜給他的吻呢。"

"這種兩性間的大膽，我想只要不厭煩那人，會像肉體融化了的感到快樂無疑。但我為什麼要給人一些嚴厲，一些端莊呢？"

很顯然，女性的自尊便是莎菲女士的"禮"，"汝不可主動"的道德律令便是她的倫理底線。這位大膽嘲笑禁欲主義與傳統禮教的女騎士，最終還是沒能逃脫禮教的束縛。我以為，以"汝不可主動"為基本道德內涵的女性自尊，乃是男權秩序的歷史產物，它已經作爲集體無意識積澱在女性的觀念中。莎菲女士在同性戀上的主動，恰恰說明她默認了性道德層面的男權秩序：當所愛者是女性而非男性時，即可主動示愛。

除了被動或無意識地承襲了"汝不可主動"這一兩性性關係層面的倫理底線之外，莎菲女士還主動設置了一道倫理底線，那就是：不可假借愛之名。

且看莎菲女士面對美色逼人而靈魂卑醜的"傳奇情人"凌吉士的求歡要求時，內心中奔湧著的驚濤駭浪：

"倘若他只限於肉感的滿足，那末他倒可以用他的色來摧殘我的心；但他卻哭聲地向我說：'莎菲，你信我，我是不會負你的！'啊，可憐的女人，是用如何輕蔑去可憐他的這些做作，這些話！我竟忍不住笑出聲來，說他也知道愛，會愛我，這只是近於開玩笑！那情欲之火的巢穴 —— 那兩隻灼灼的眼睛，不正宣佈他除了可鄙的淺薄的需要，別的一切都不知道嗎？"

這段心理獨白絕對是搧在所有假借愛之名誘姦女人的男人臉上的老大一記耳光，令我這個男性讀者悚然心驚！它也連帶著暴露了莎菲女士的性愛觀：有欲無愛的性行爲是可以接受的，但假借愛之名的性行爲則是可鄙的。也許莎菲女士的觀點道破了潛藏在許多現代人內心深處的曖昧心理，只不過誰也不願公開承認而已。是不是禮教的無形壓力仍在發揮著逼人瞞騙的功能呢？

從學理角度來看，莎菲女士對"肉體融化了"的快感的標榜，對"情欲"與"愛"的剖分，已經凸顯出傳統倫理向現代性身體倫理轉型的跡象。身體倫理以身體感覺作爲重構兩性倫理或性道德的立足點。身體感覺（"情欲"）的對立面是心靈的感應（柏拉圖式的"精神之戀"）。對注重身體倫理的學者來說，心靈感應並不比身體感覺具有價值優先性。說白點，肉體之歡並不比精神之戀下賤。

莎菲女士還有一條虛設的倫理底線：於人無損——

> "我知道在這個社會裏面是不准許任我去取得我所要的來滿足我的衝動，我的欲望，無論這於人並沒有損害的事。"

> "我覺得只要於人無損，便吻人一百下，為什麼便不可以被准許呢？"

> "難道因了我不承認我的愛，便不可以被人准許做一點兒於人無損的事？"

問題是，在莎菲女士已經明知道凌吉士已有太太的前提下，她和凌的偷情交歡還能算於人無損嗎？至少，她是沒有權利代凌太太回答的。道理很簡單，要想確定某件事是否對旁人有損害，總得聽聽旁人的意見吧。否則，所謂"於人無損"云云，豈不是成了主觀臆斷？莎菲女士難道也不想想，也許凌太太還沒時髦到容忍一夜情的程度。

倘以小人之心來推測，許多人處在莎菲女士或凌吉士的位置上，大約都會自欺欺人地安慰自己，反正旁人又不知情，不為人所知的事就是沒有發生過的事，就是"於人無損"的事，因為空即是色，色即是空。難怪古人要一再重彈"己所不欲、勿施於人"及"君子慎獨"之類的儒學老調了。

如前所述，文學敘事具有敏感與個性化這兩項長處，因而最擅長表現人們的經驗狀態，包括道德經驗狀態。如果沒有細讀過《莎菲女士的日記》，我們又怎能體察到如此微妙、如此具有震撼感的心理波動？我們又怎能深切地體認到轉型期、過渡期的那種矛盾交織的女性心理和道德情感？相較之下，"女性解放"、"觀念革命”這一類理論標籤，實在是冰冷無味。

第二節　儒家倫理的現代反思與敘事學轉向

　　當代女性主義倫理學家阿爾斯坦（Jean Bethke Elshtain）敏銳意識到了個性化的、私人性的敘事對於本質主義化的女性主義倫理思考的糾偏作用，在她看來，女性主義研究中存在的一個嚴重誤區就是以“被壓迫的群體模式”（the oppressed group model）作為詮釋女性的歷史處境與歷史地位的恒常理論框架，而忽視了女性經驗的豐富性和多樣性，這就使得原本並不單一的女性形象流於片面化、簡單化，結果是適得其反地掩蓋和抹殺了女性在人類歷史發展中的積極意義以及在日常生活中的樂觀態度，她這樣寫道，

"We know that our foremothers deeded to us much more than a sustained tale of woe. We contemporary women are the heirs of centuries of women's stories and strengths, all the many narratives of perseverance and survival, of determination to go on through tragedies and defeats. We know that our mothers and grandfathers often had laughter in their hearts, songs on their lips, and pride in their identities. Knowing this we cannot accept any account that demeans women in the name of taking measure of powerlessness." [1]

---

1 Virtues and Practices in the Christian Tradition: Christian Ethics after MacIntyre, ed. By Nancey Murphy etc., Pennsylvania: Trinity Press International, 1997, p296.

正因爲意識到了女性主義研究中所存在的概念化、片面化的缺陷以及由此產生的欲揚反抑的悖論，阿爾斯坦在她的倫理思考中就格外注重考察包括她的母親和祖母在內的普通人的生活經驗，她的 "Judge not？" 和 "The Life and Work of Christopher Lash" 這兩部著作就分別引述了她的祖母和母親的生活故事。由於阿爾斯坦的祖母或母親都不過是宏大歷史觀中的所謂 "小人物"，她們的經歷也不過是所謂歷史洪流中的幾朵微瀾，因此，她們的生活故事就屬於地道的 "小敘事"，而且具有非常強的私人性色彩。然而，正是借助這類 "小敘事"，阿爾斯坦成功地解構了自波娃以降的女性主義宏大敘事，讓人們窺見了傳統女性樂觀與自信的一面。

阿爾斯坦的這種將理論思考建立在生活故事基礎上的研究取向，無疑具有方法論轉型的意味，我們可以將其視爲女性主義倫理學敘事學轉向的一種標誌。反觀張愛玲在《借銀燈》一文中對《梅娘曲》與《桃李爭春》這兩部影片所作的倫理敘事批評，我們也可以說是儒家倫理現代反思的敘事學轉向的一種徵兆，在近現代反思儒家思想的總體氛圍中，它既不同於 "打倒孔家店" 式的理論清洗，也不同於以西方自由民主思想重新詮釋儒學的格義之學，更不同於當時依然奉儒學爲正統、方法上仍守固步的經學研究。

不過，張愛玲從倫理敘事的角度對儒家倫理所作的批評，畢竟稍嫌單薄，而且也缺乏明確的理論自覺，更不具備系統化建構的思考規模，這也是其他文學家和文學批評家在談到文學作品中的倫理問題時的常見現象。相較之下，劉小楓的《沉重的肉身》一書就顯現出了超逾前人的規模和深度，該書擇取了若干部小說和電影，藉以闡發現代性倫理觀念，產生了相當大的影響，並催生了一批效仿其批評模式的論著，駸駸然構成了倫理學研究敘事學轉向的一種態勢。

　　綜括而言，張愛玲、劉小楓和阿爾斯坦的理論思考與批評實踐爲我們提示了倫理敘事批評的研究進路和具體方法　，也向我們顯示了通過文學或文藝敘事考察道德經驗和倫理觀念變遷的理論意義。在後文中，我們將分別選取張愛玲本人及王朔、劉恒的小說，還有張揚導演的一部電影，考察倫理與敘事的互動關係，深入分析以排斥道德之維爲取向的非道德主義敘事、以顛覆正統倫理秩序爲動機的反倫理敘事和介乎解構與建構之間的"中間態"倫理敘事等三類不同於傳統道德寓言的倫理敘事模式，並從中考察儒家倫理思想的現代變遷和現代命運。

第三章　反載道意識與非道德主義敘事：以張愛玲的小說敘事爲例

第一節　作爲張愛玲小說敘事觀念背景的個人主義思潮

一、主體性與個人主義

在英文裏，"subject"是一個頗爲曖昧的語詞，當它出現在"ruler and subject"（可譯爲"君臣"，在中國傳統語境中屬五倫之首）、"object and subject"（也就是我們在初學哲學時常掛在嘴邊的"主客體"）這兩個短語中的時候，含義全然相悖。

照理來說，"臣民"乃威權體系中的客體，在統治者或君王的浩蕩皇恩之下，他只有服從和感戴的份，根本談不上"主體性"（subjectivity），所謂"君爲臣綱、父爲子綱、夫爲妻綱"，就是人與人之間主——客關係的倫理表達。因此，"subject"一詞可說是"一字多意"而"背出分訓"（錢鍾書）的又一範例，好比"周易"的"易"字，既可解作變化，又可解作不變。[1]變與不變

---

[1] 錢鍾書：《管錐編》第一冊，中華書局 1986 年，第 1-3 頁。

自是兩意相仇，但尚可從辯證法的高度以"相反者互成"之理加以整合，所謂"不易而易"，"唯變斯定"，然則"臣民"（客體）與"主體"二意又該如何求得矛盾中的統一呢？總不能說唯奴斯主或不求主體性而自有主體性吧？

在我看來，奴就是奴，臣就是臣，沒有唯奴斯主的道理，如果身爲威權體系中的客體而沒有萌生"主體性"的意識，奴將永世爲奴，臣將永世爲臣，絕無可能不求主體性而自有主體性。換言之，"臣民"與"主體"作爲"subject"一詞"背出分訓"的二意是無法"同時合訓"的，也就是無法妥協的，作爲人類社會中的個體，要麼甘做臣民，要麼爲伸張主體性而抗爭，決無第三條道路可走。從自我覺醒的層面來說，傳統威權社會向現代社會的轉型甚至可以抽象地表述爲"subject"一詞之相反二意的徹底決裂。

只要留意近百年來世界範圍內的各類社會思潮，"主體性"的尋求幾乎可以說是貫穿其中的主線，無產階級革命伸張的是資本主義體系下勞工的主體性，黑人民權運動伸張的是有色人種的主體性，女權主義伸張的是"第二性"的主體性，後殖民理論伸張的是被殖民者的主體性，文化多元主義伸張的是弱勢國族的文化主體性。但追源溯本，個人主義這一在特定使用策略的遮蔽下，成爲"自私自利、貪得無厭、張揚物欲的代名詞"，從而爲國人所不齒的西方思潮，恰恰爲近現代以來人類在各種領域的主體性尋求奠定了思想根基，打開了方便之門。因此，對業已將"主體性"奉爲美好價值的多數當代中國人來說，有必要重新審視被妖魔化了的"個人主義"，以期在客觀還原的基礎上進行價值重估。羅蘭·巴特說，對真相作清晰準確地描述就是解構。此言著實精妙！一切譫妄的觀念不都是以模糊、歪曲真相爲前提或手段的嗎？只要對真相本身做出清晰準確地描述，哪怕不加任何分析和批判，那些籠罩在假相之幕中的譫妄觀念自然就轟然倒塌了。

二、還“個人主義”以本來面目

爲了認清“個人主義”的本來面目，讓我們先來看看《簡明不列顛百科全書》“個人主義”條：

“個人主義（individualism），一種政治和社會哲學，高度重視個人自由，廣泛強調自我支配、自我控制、不受外來約束的個人或自我，……個人主義的價值體系可以表述爲以下三種主張：一切價值均以人爲中心，即一切價值都是由人體驗著的（但不一定是由人創造的）；個人本身就是目的，具有最高價值，社會只是達到個人目的的手段；一切個人在某種意義上說道義上是平等的。下述主張最好地表達了這種平等：任何人都不應當被當作另一個人獲得幸福的工具。”[2]

《簡明不列顛百科全書》是在英國人主導下編撰的百科全書，而英國是現代個人主義思潮的發源地之一。在十七世紀的英國，出現了一種對個人權利的激進的哲學辯護，這種辯護有意識地從“自然狀態下”的生物個體入手，並根據這些個體的自然行爲及相互行爲推演出一個社會秩序，洛克就是這一辯護的代表人物。有意思的是，本該以“客觀中立”爲原則的“不列顛”百科全書卻像是延續了十七世紀以來對個人權利和個人主義的激進聲辨，字裏行間透著風雷之聲，可見知識和權力真是如影隨形，所

2　《簡明不列顛百科全書》“個人主義”條，中國大百科全書出版社，2005。

謂"客觀知識"也只能在主觀認知中顯現，這大概可以說是認識論範疇最棘手的悖論了，無論在何種體制下的知識人都難以逃脫，所以說，我們註定了將永遠走在通向客觀真理的路上。

　　就我有限的視野所及，對個人主義最不遺餘力也最有力的辯護來自卡爾·波普爾。他在《開放社會及其敵人》中指出，許多批評個人主義的人都曲解了個人主義，並把不屬於個人主義的信條強加於個人主義。為了凸顯個人主義的"真義"，他為我們演示了一道關於個人主義和集體主義之別的辨析題。他分析說，在集體主義架構中，"部分因整體而存在，但整體並不因其部分而存在……你是為整體而被創生的，但整體並不為你而創生。"故集體主義並不意味著利他主義，並不意味著無私，而很可能只是作為自我主義變體的（collective or group egoism）。集體自我主義只追求本集團的利益，而置他人或集團的利益於不顧。另一方面，反對集體主義的個人主義者卻可以同時是利他主義者，他可以很樂意幫助其他個人而作出自我犧牲，他聲稱"真正重要的是個人"，但沒必要認為只有他自己才十分重要。波普爾也不贊同將自我主義與個人主義簡單等同起來，因為這有礙於在與其他個人的關係之中獲得一種關於自我重要性的健全體認。他進一步指出，任何團體或社群都是由一個個具體個人組成的，所以任何團體都沒有理由凌駕於個人之上，個人就是最高的價值，每個人應該自重，同時又必須尊重他人。[3]

　　很顯然，波普所彰顯的個人主義價值觀是一種與人道主義、平等主義相契合的個人主義價值觀，而他在充分重視個人價值的

3　參見卡爾·波普爾《開放社會及其敵人》第六章"極權主義的正義"，陸衡等譯，中國社會科學出版社，1999年。

前提下對"自我犧牲"和"尊重他人"的肯定，則表明他延續了現代個人主義的早期傳統，也就是在個人權利的伸張中融入古典共和主義和改革派基督教的精神意涵。西方思想史告訴我們，現代個人主義是在反對神權與王權的鬥爭中逐步形成的，因為這些東西壓抑了公民伸張自治權利的意願。在這場鬥爭中，古典政治哲學和《聖經》宗教構成了重要的文化資源。古典共和主義喚醒了公民積極造福公益的形象，而改革派基督教則激勵了個人自願參與基礎上的治國思想。然而，這兩種傳統都把個人自主放在道德和宗教義務的框架之內，而這種框架在有些情況下不僅提倡自由，而且也提倡服從。如果"不列顛"百科全書的描述和波普爾的聲辯能夠代表一般西方人對個人主義的理解，也和個人主義在西方的實踐基本吻合，那麼，把個人主義型塑為"自私自利、貪得無厭、張揚物欲"的代名詞，確乎是一種自覺不自覺的妖魔化認知。在我看來，個人主義實踐如果不像"不列顛"百科全書和波普爾的理論表述得那樣美好，但至少也不像有些人想像得那糟糕，因為我們放眼所見的個人主義盛行的國家偏偏都是強盛富有的國家。有人質疑說，國家強盛與否與我們應該選擇過何種生活，本就是兩個問題，如殷海光在《中國文化的展望》中那樣聲稱，要甄別文化優劣，除了衡量其科學發展程度，別無它途，未免有些勢利。可是，也許對多數世俗之人來說，在一個強大富有的國度成為現代自由民，是一個非道德主義（不是反道德主義）的生存選擇，但從個人主義、自由主義價值觀著眼，這又是一種應然選擇。

　　回到個人主義與主體性的關聯性，我覺得以下觀點尤值得關注：1）"任何人都不應當被當作另一個人獲得幸福的工具"；2）

古典共和主義與改革派基督教都把個人自主放在道德和宗教義務的框架之內，而這種框架在有些情況下不僅提倡自由，而且也提倡服從。

　　所謂 "任何人都不應當被當作另一個人獲得幸福的工具"，也就是說 "人是目的本身"（康德），任何人都是具有獨立存在價值的主體，都不應被視爲欲望的客體、利益謀劃的客體或權力結構中的客體，人與人的關係應是 "互爲主體性"（哈貝馬斯）的交流，而不是名教 "三綱" 式的主 — 客關係。不過，個體既然命定地嵌陷於社會結構之中，就難免有身處高位和低位元元元之別，且在伸張個人權利的同時也必然會面對不可逃脫的義務，一個只有權利而沒有義務的社會是不存在的，就如我們無法想像只有需求而沒有供應。反之亦然，一個只有義務沒有權利的社會也是不存在的，所以我對於提倡所有人都應不計較個人得失、一切爲公的說法總有些腹誹：既然所有人都不計較個人得失，都無私奉獻，那受益人是誰呢？須知，公不是虛擬的存在，而是所有私人的總和。我的一個頗有些悖謬的推斷是，所有人都無私奉獻的受益人只能是提倡所有人都無私奉獻的那個人或者利益集團。

　　如前所述，人難免有身處高位和低位元元元之別，且在伸張個人權利的同時也必然會面對不可逃脫的義務，這就涉及到了自由和服從的關係問題。古典共和主義與改革派基督教既然都把個人自主放在道德和宗教義務的框架之內，那麼，粗看起來，豈不是主體也必得在一定程度上接受被客體化或讓渡 "主體性" 的命運？欲澄清這個問題，有必要引入洛克所謂 "自願性契約" 的觀點。洛克以爲，個人先於社會而存在，社會的存在是通過試圖最大程度地追求自我利益的個人的自願性契約才得以實現的。[4]我樂於把人們的義務(不限於道德義務或宗教義務)看成是人們在"自願性契約"的基礎上對更廣泛的社會規範(包括科層結構中在上位者合法的行政命令)的遵奉,這種遵奉是個人"反省自己欲望和情感"前提下的遵奉,它是自覺的,也是自願的,而且是著眼於個人最大程度實現自我利益的(迄今爲止,關於自我利益的最高世俗化表述就是"自由和幸福"),因此,這種遵奉或服從是有著明確主體認同前提下的服從,而不是客體的屈從或盲從。只要回顧一下古典自由主義者所謂"普遍自由的前提就是普遍限制"[5](霍布豪斯)之說,以及尼采的奴隸選擇反抗、戰士選擇服從之說[6](《戰爭與戰士》),我們就更能品出獨立個體的服從這一悖論命題的深味來。至於宗教義務,那是人類靈魂試圖超越肉身圍限的自我約束,肉身的服從是爲了靈魂的超越,其主體性的尋求已然跨越了神人之界,雖不免玄遠,但對調校個人主義的物化、異化趨向卻有著實質性的影響。

第二節　《傾城之戀》：以個人主義 爲底蘊的非道德主義敘事

個人主義思潮自上世紀初舶來中國以後,長期處在被誤讀的

---

4 參見洛克：《政府論》(下篇),葉啓芳等譯,商務印書館1964年版,第77-78頁。
5 霍布豪斯：《自由主義》,商務出版社1996年,第9頁。
6 尼采：《查拉斯圖拉如是說》,文化藝術出版社1987,第50-52頁。

狀態，其理論遭際相當耐人尋味。撇開意識形態的操弄不說，最常見的對個人主義的誤讀就是把它窄化爲“自私”的代名詞，如張愛玲在其小說名篇《傾城之戀》中現身評論說：

> “他（范柳原）不過是一個自私的男子，她（白流蘇）不過是一個自私的女人。在這兵荒馬亂的時代，個人主義者是無處容身的，可是總有地方容得下一對平凡的夫妻。”

在這部小說中，張愛玲以一座城市的淪陷成全了白流蘇和范柳原的婚姻。劫後的香港，白流蘇“突然爬到柳原身邊，隔著他的棉被，擁抱著他。他從被窩裏伸出手來握住她的手。他們把彼此看得透明透亮。僅僅是一刹那的徹底的諒解，然而這一刹那夠他們在一起和諧地活個十年八年。”但在婚後不久，范柳原卻“不跟她鬧著玩了，他把他的俏皮話省下來說給旁的女人聽。那是值得慶幸的好現象，表示他完全把她當作自家人看待 —— 名正言順的妻，然而流蘇還是有點悵惘。”這兩段文字點破了這出傳奇的悲劇底蘊：王子和灰姑娘真得從此過上了“幸福生活”？未必，人性惡或人性的弱點決定了任何塵世之夢的不可靠。

張愛玲的蒼涼意緒可以說是《紅樓夢》色 —— 空體悟的現代回聲，這其中包含著對人生、對人性的徹悟，恰恰是生活本身。兩者的區別在於，《紅樓夢》爲我們建構起了一個藝術烏托邦，然後又拆毀了它，張愛玲卻從來就沒有給讀者營造過烏托邦，她的傳奇敘事是始終是清醒的，並且是註定了曲終人散的結局的。《傷逝》與《傾城之戀》的比較也頗能說明問題，一個是被算計的愛情終於有了暫時圓滿的收場，一個是兩情相悅的愛情最終落得水流花落的收場，說明了同一個道理：不食人間煙火的愛情只能是一個傳奇。

　　張愛玲的第一部小說集就是以"傳奇"命名的，這些小說多以森冷、流麗的筆調細緻再現了日常生活中的種種糾葛與恩怨。在張愛玲看來，小說就是講故事的藝術，作為敘事者，關鍵是要把故事講好。她因此主張文學敘事不應受"文以載道"這類傳統文藝觀的左右，而應當與倫理道德之維切割開來，一方面要儘量避免道德評判式的"評論干預"，另一方面也儘量不要讓敘事者的道德情感與道德衝動影響到敘事的客觀性。張愛玲的這種反載道意識看起來是一種純粹的藝術信念，不帶有意識形態之爭的色彩，但事實上，這還是源於她對儒家倫理思想的不信任和不認同。也因此，她的所謂非道德主義敘事也註定是不徹底的，有心的讀者不但可以從她的一系列"傳奇"中觀察到兩性倫理、血親倫理、家庭倫理的微妙變遷，也可以體察到作為她的觀念支撐、並且被她視為儒家倫理思想對立面的個人主義的底蘊。在她的代表作《傾城之戀》中，我們就可以觀察到儒家正統倫理的空殼化跡象：一方面，還有人在高喊"天理人情"的口號，另一方面，一切人物關係卻都繞不開功利的算計。男女主角范柳原、白流蘇之間的身體攻防就更為驚心動魄，被道學家們高高供奉了上千年的"貞節"美德蛻變成了利益博弈的砝碼，而不再是倫理範疇內的"品格德性"（the virtue of character）[7]。

　　小說中，白流蘇是一個離婚後寡居娘家多年的舊上海女人，她的親哥哥們在把她的錢"盤來盤去"盤光之後，想借著她前夫過逝的當兒把她遣回夫家。一個偶然的機會使白流蘇結識了英國歸僑范柳原。范柳原三十三歲，坐擁一大筆遺產，"嫖賭吃著，

---

7 Alasdair MacIntyre，After Virtue：A Study in Moral Theory，Indiana：University of Notre Dame Press, 1984，p154.

樣樣都來，獨獨無意於家庭幸福"，在白流蘇眼中，范"雖然夠不上稱作美男子，粗枝大葉的，也有他的一種風神"，而在范柳原眼中，白流蘇是一個"真正的中國女人"，他尤其喜歡她身著旗袍、低頭不勝嬌羞的模樣，因而有心勾引她，但又無意娶她，最多願意讓她做個情婦。白流蘇洞察范柳原的心機，因而給他親近自己的機會，但絕不讓他佔有自己的身體。因為她深知，"既然他沒有得到她，或許他有一天還會回到她這裏來，帶了較優的議和條件"。這就意味著，白流蘇的"守身如玉"並非理想貞女式的重德輕欲，對白流蘇來說，貞節就是她與范柳原婚姻交易中的砝碼，這和她"不願尋了個低三下四的職業"而失去其"淑女的身份"一樣，都是為了維持自己的身價，以達到讓范柳原明媒正娶她的目的，而不是偷雞摸狗的玩玩。不過，她最後還是迫於"家庭的壓力"，或者說是為了逃出令她窒息的白公館，而孤注一擲地隻身前往香港，並在沒有婚姻保障的前提下委身於范柳原，但香港的淪陷卻使她在身體淪陷的蒼涼無助中意外地收穫了婚姻，一場曠日持久的情色攻防遂以暫時的圓滿而收場，張愛玲也由此完成了她在兩性倫理的現代變遷及中西方情愛、婚姻、家庭觀念相碰撞的背景下關於范柳原（英國歸僑）、白流蘇（所謂真正的"中國女人"）的"傳奇"敘事。

顯然，至少在范柳原和白流蘇之間，男女之情其實就是一場戰爭、算計和利益的博弈。他們的理智（實用理性層面，而非道德理性層面）都足以駕馭他們的激情，這是他們的可怕處。范柳原試圖借此滿足他的欲望而又不必承擔後果，白則試圖借此實現她的以婚姻確保個人利益的功利目的。在正常的環境中，兩者是無法雙贏的，不是你死，就是我亡。但在香港淪陷這一特殊的背景下，他們意外地獲得了雙贏，一個終於收穫了婚姻，一個暫時獲得了安頓，這就是傾城之戀這齣傳奇的實質。用張愛玲的話說就是，"在這兵荒馬亂的時代，個人主義者是無處容身的，可是總有地方容得下一對平凡的夫妻。"

現在的問題是：白流蘇和范柳原是不是個人主義者？

照張愛玲的說法，白流蘇和范柳原都是"自私"的，所以就是個人主義者。這樣的論證顯然是單薄無力的。讀者可以追問說，那為何不簡單地把他們稱為利己主義者、唯我主義者？

如前文所述，真正的個人主義者該是高度重視個人自由，廣泛強調自我支配、自我控制、不受外來約束的個人或自我，他還應當秉有"任何人都不應當被當作另一個人獲得幸福的工具"這一信念，並且在充分重視個人價值的前提下尊重他人、犧牲自我。

從白流蘇的心性特徵來看，她確實有著很強的自我支配、自我控制的意識，哪怕是瀰漫著文化遺老氣味的白公館也未能將其消磨掉，一旦出現了合適的機緣，她的自主意識，她的不屈從於命運和大家庭約束的本性就會爆發。她和范柳原的邂逅就是這樣一個機緣，她敏銳地意識這是一個有可能令她擺脫大家庭約束走向新生的難得機緣，也許是後半生中僅有的一次，因此，雖然她對范柳原是否喜歡她、是否最終會娶她並無信心，還是準備孤注一擲。正是懷著這種成則我幸、敗則我命的賭徒心理，當徐太太邀她同去香港之時，她雖然明知這是范柳原的詭計，還是慨然應承下來，小說敘事者對她此時的心態作了相當傳神的描摹：

> "她迅速地盤算了一下。姓姜的那件事是無望了。以後即
> 使有人替她作媒，也不過是和那姓姜的不相上下，也許還
> 不如他。流蘇的父親是一個有名的賭徒，為了賭而傾家蕩

產，第一個領著他們往破落戶的路上走。流蘇的手沒有沾
過骨牌和骰子，然而她也是喜歡賭的。她決定用她的前途
來下注。如果她輸了，她聲名掃地，沒有資格做五個孩子
的後母。如果賭贏了，她可以得到眾人虎視眈眈的目的物
范柳原，出淨她胸中的一口惡氣。"

　　在日常表述中，"賭徒心理"無疑是個貶義詞，但換個角度
來看，它又可以說是個人的自我支配、自我控制意識的顯現形式
之一，甚至可以看成是存在主義意義上的特殊境遇中的自我選
擇：你選擇，並為自己負責。白流蘇是一個孤獨的個體，一個生
活在大家庭中而又無所憑依的孤獨個體，用敘述者的話來說就
是，"她是個六親無靠的人。她只有她自己了。"這樣的一個人，
確乎會有一種被拋入現世的悲涼感，如果沒有孤注一擲的勇氣，
註定了將永遠生活在生命力無法張揚的狀態中。好在白流蘇並不
是一個任人擺佈的懦弱女子，她不甘於生命的壓抑，也有和命運
對峙的勇氣，她選擇了，並意外獲得了成功。如同在賭場上一樣，
大多數人的不幸成就了一個人的幸運，白流蘇最後如願成為范太
太，也是以香港的淪陷為代價的；但香港的淪陷並不是她的責任，
她不過是一個無依無靠的弱女子，她只能為自己負責，成也好，
敗也好，她都準備自己來承受，無意推諉於他人，這種自己為自
己負責的擔當和勇氣，賦予了白流蘇以超乎一般封建大家庭成員
的個人主義者氣質。

　　從白流蘇和范柳原的情愛關係來看，她雖然有借助范柳原擺
脫當下生存的意圖，但她對後者也確有好感，而且也願意在婚後
承擔起相應的責任，並有和後者共謀幸福的願望。透過敘事者設
計的一段心理獨白，讀者可以看到，白流蘇確乎有著個人主義哲

學所要求的"將個人自主放在道德框架之內"的自覺：

> "如果她正式做了范太太，她就有種種的責任，她離不了人。……她所僅有的一點學識，全是應付人的學識。憑著這點本領，她能夠做一個賢慧媳婦，一個細心的母親。在這裏她可是英雄無用武之地。持家也罷，根本無家可持，看管孩子罷，柳原根本不要孩子。省儉過日子罷，她根本用不著為了錢操心。她怎樣消磨以後的歲月；找徐太太打牌去，看戲？然後漸漸地姘戲子，抽鴉片，往姨太太的路上走？……那倒不至於！她不是那種下流的人。她管得住她自己。"

接下來的一句更耐人尋味：

> "但是……她管得住自己不發瘋嗎？"

這句話所透露出的資訊是，人雖然有自主的願望，但不一定能夠控制住自己，也就是說，人不一定總是受理性的引導。從這個意義上說，強調個人自主和自願性契約的個人主義哲學和其他現代性謀劃一樣，也體現出理性的自負，它是基於人是一個理性的存在，並能夠根據理性來遵守自願性契約這一認知的基礎上建構起來的理性主義政治和社會哲學。在這個哲學架構中，沒有充分考慮到人在很多情況下會受非理性主導的心理事實，因而對於白流蘇式的疑問，它無法作出有效的回答。

白流蘇為什麼覺得自己會發瘋？因為她預感到自己將面對的是只能去"消磨"，又難以"消磨"的歲月，她的責任感，她的遵守自願性契約的意識，未必能承受住空虛之重；如果她的善良意志相對脆弱，又要長期要抵抗空虛之重，其結果，不是墮落，就是發瘋。墮落是壓抑後的爆發，發瘋是壓抑後的病變。如果因此指責白流蘇沒有足夠強大的善良意志來支配自我和控制自我，並堅決地捍衛自願性契約，那就正好體現了一種理性化、普遍化設計對個人特殊心性和特殊境遇的盲視。

白流蘇也許真得會"發瘋"，但至少就具有清醒意識時的白流蘇來說，她是當得起個人主義者這一判詞的，儘管她壓根就不知道，她是某種主義的承載者和踐行者。范柳原就不同了，在他眼裏，白流蘇不過是一個欲望的"客體"，一個不同於其他玩物的真正的"東方女人"，他想享用她，卻又不願因此受到約束，他最後娶他，也不是因為忽然有了責任心，只不過是戰亂中的不安定感使他亟需一個安頓身心的所在，即使是這樣，他也還是不安分：

> "柳原現在從來不跟她鬧著玩了。他把他的俏皮話省下來說給旁的女人聽。"

對於范柳原的本性，白流蘇看得很透：

> "他要她，可是他不願意娶她。然而她家裏雖然窮，也還是個望族，大家都是場面上的人，他擔當不起誘姦的罪名。因此他採取了那種光明正大的態度。她現在知道了，那完全是假撇清。他處處地方希圖脫卸責任。"

表面看來，范柳原確有個人主義者的一些特性，比如崇尚個人自由，不願受外來約束之類，但他頂多只能算半截的個人主義者，因為，個人主義是在個人與個人的關係中突出人的主體性，並且是在普遍的意義上突出個人的價值的，因此，個人主義所謂"個人"，首先是一種抽象的在（being），落實到每一個人，才是具體的在者（beings）。換句話說，每個具體的個人，只是"在者"之一，而不能自居為"在"，否則就是僭越。利己主義者、唯我主義者就是這類僭越者，他們以自我爲中心，將自我的利益和價值凌駕於眾人之上，並錯誤地認爲，這才是人的主體性的伸張和自由意志的顯現。這類人的問題在於，他們所肯定的是他本人的價值和主體性，而不是"人"的價值和主體性，他們因此才會像范柳原一樣視他人爲"客體"，不願接受有約束的自由，"處處地方希圖脫卸責任"。可以這樣說，范柳原式的唯我主義者是一些以自身利益爲唯一尺度的"在者"，他們沒有對任何超越性尺度 —— 哪怕僅僅是就超越自我的利益而言，而不論"天道"或"神律" —— 的憑依和自覺，他們因此只是海德格爾意義上的"佔用"者[8]，佔用財富，佔用空間，佔用女人的身體。白流蘇將自己後半生的幸福抵押給這樣的一個"佔用"者，真像是開出了一盤賭局，一路順風順水，但隨時都可能翻盤，所以這出傳奇劇的結局其實只是暫時的"圓滿"，"傾城之戀"所結下的不過是"城下之盟"。

---

[8]海德格爾：《人詩意地棲居》，《海德格爾選集》，孫周興選編，上海三聯書店，第 464-465 頁。

第四章　反倫理衝動與解倫理敘事：以王朔的小說敘事爲例

第一節　"王朔現象"：一個蒙昧時代的見證

　　王朔與"王朔現象"曾經是中國當代文學與當代文化領域令人無法忽視與迴避的重大話題，王朔的小說與言論對一切正統話語、權威話語、主流話語的調侃、戲仿與解構，既觸動、誘發、迎合了眾多不羈少年天然的叛逆心理，強化、銳化了一些不甘和光同塵的知識人的批判意識，也刺痛、激怒了一大批既得利益者、保守主義者與正統"教義"的信徒，由此所衍生的"一半是海水、一半是火焰"式的話語衝突與理論爭議，在很長一段時間內覆蓋了當代人文學者的視域。

　　時過境遷，"王朔現象"似乎已淡出了歷史文化舞臺，在"下半身寫作"、"木子美現象"、"垃圾詩派"（以"崇低"爲價值取向）你方唱罷我登場的喧囂中，王朔和他的解構敘事似乎早已成了落伍的時髦，只留下一些記憶的碎片，在歷史的煙塵中飄蕩。"人事有代謝，往來成古今"，當代文化熱點的極速史替，確實令人有"眩暈"之感。

不過，現象界的這一切浮華與浮沉，在理性精神的燭照下，其實只是一些有意義或無意義的問題。"王朔現象"雖然在見異思遷的文化記憶中已然成了歷史名詞，但在重構現象界的深思與謀劃中，由這一現象所敞開的問題，卻是為數不多的有意義的問題之一。如果落實到倫理學層面，這一問題的實質就是作為文明社會基本尺度與依託的倫理道德之維是否應該被否棄？因為在王朔的小說敘事中，倫理道德不是痛苦之源，就是偽善之源，也就是僅有負面作用，而看不到正面價值。在不少小說中，王朔甚至繞開人物設計、情節安排等具象化的繁瑣程式，非常直白地借助角色之口表現了他對倫理道德之維的懷疑與解構衝動，以下言述就頗具代表性：

"因為有倫理道德所以你痛苦。"（《頑主》）

"街上全是壞人——他們都叫你學好，好自個使壞。"（《一點正經沒有》）

"仔細想啊，要不號召大家奉獻，讓自個甘吃虧蔚然成風，我怎麼佔便宜？"（《一點正經沒有》）

王朔的這些不經之談，既是對倫理道德的挑戰，甚至是挑釁，也是對人性弱點的辛辣嘲諷，套用王朔自己的話說，這種挑釁和嘲諷會令"每一個有正義感的人都感到氣憤"（《頑主》）。但是，就連這種基於"正義感"的氣憤，或者說是"義憤"，也早就在王朔的意料之中，並預先做瞭解構，例如《頑主》中的丁小魯這樣回應她的女伴林蓓對頑主們的非議，——"我們小蓓可有正義感了"，明眼的讀者一望可知這是一種反諷，"正義感"在這裏分明就是天真、幼稚的代名詞。在所有的道德情感中，"正義感"可說是倫理秩序、道德規範賴以維繫的最基本的情感意向，當"正義感"本身的可靠性遭到質疑而成為可疑的存在時，人類也就陷入了道德判斷上的無能、失語與虛無感，——既然我們的道德反應是不可靠的，那我們的道德判斷、道德選擇還會可靠嗎？

　　細察王朔的運思邏輯，他的反倫理敘事顯然是從反對偽善走向了反對善本身，從反對片面化的道德律令走向了反對道德本身，從反對意識形態主導的教化走向了反對教化本身。這種極端化的解構衝動與思維進路，王朔本人在多年之後也有所反省，並作了如下表白：

　　　　"這幾本書都是十年前或者更早的時候寫的，那時我很自
　　　　以為是，相信很多東西，不相信很多，欲望很強，以為已
　　　　知的就是一切了。……關於這些書，我個人認為是一個蒙
　　　　昧時代的見證。"[1]

　　"蒙昧時代"是美國人類學家摩爾根首先從人類社會發展週期的角度提出的概念。在《古代社會》中，摩爾根將西方史前史劃分為蒙昧時代、野蠻時代、文明時代。蒙昧時代是人類的嬰幼時期，以掌握制陶術為分水嶺，人類社會過渡到了野蠻時代，而在發明瞭文字並將其應用於文獻記錄之後，人類社會又進一步過渡到了文明時代。有學者將這三個時代統稱為"前軸心時代"，並頗具洞見地指出，"中國軸心時代（也即先秦諸子時代）所產生的思想學說並不是憑空、隨意的創造。在孔子之前，作為觀念形態的德、禮、孝、仁等概念就已存在，而這些概念的產生

1　《王朔文集》自序，雲南人民出版社，2004年。

又有其特定的歷史背景。這就需要我們把研究的觸角伸向前軸心時代，深入於中國文化基因的研究。"[2]換言之，人類從前軸心時代向軸心時代的演進，實質上是一個心智日趨成熟、規範性思考日趨成形的過程，也就是一個技術理性、實踐理性與道德理性日趨深化的過程。

在這樣一種歷史與理論背景下，我們需要追問的是，王朔所說的"蒙昧時代"究竟是什麼意思？

通觀王朔的各類小說，大多交織著文革記憶與後文革時期的生存體驗，因此，他所說的"蒙昧時代"從歷史階段的界分來看，主要是指文革時期與後文革時期，所謂後文革時期，也就是仍然沉浸於文革創痕、但新的生機與新的困惑也正在逐漸顯露的時期。後文革時期先後出現過以演繹文革題材為主的"傷痕文學"與"反思文學"，這類作品由於普遍缺乏自省的力度和深度，並且在藝術手法上也乏善可陳，所以很快就歸於沉寂，倒是王朔的另類寫作與思考，出其不意地把圍繞文革記憶的敘事推向了一個令人耳目一新的境界，這方面的經典之作首推《動物兇猛》。

如果從精神內涵的角度來看，由於"蒙昧"這個提法通常與"理性"相對立，王朔所說的"蒙昧時代"也應當就是指"非理性的時代"。視文革時期為"非理性的時代"本是思想文化界的共識，問題是，後文革時期何以也是"非理性的時代"？對此，王朔本人在如下表白中已隱隱透露出了玄機：

"理想就那麼清白嗎？關於人之為人，我們知道多少？我承認，我的世界觀價值觀都是因襲來的，在我甚至沒有意

---

2 姜廣輝《論中國文化基因的形成—前軸心時代的史影與傳統》，《國際儒學研究》第 6 輯。

識到時就已經被植入，到需要和別人對峙時才發現我們來自同一源頭。東西方關於人的理想生活又有多大差異呢？也無非是策略之爭，由此及彼或由彼及此，當然策略導致結果。問題不在於認同人類共有的自我肯定，問題在於這一切是確鑿的嗎？我們相信的和我們本來的是一回事嗎？世世代代高唱的人類讚歌指的是我們呢？如果是，爲什麼我總是感到羞愧和一次次墮落而不是心安理得和漸次歸位？……文化太可怕了，像食物一樣，不吃，死，吃了便被它塑造了。我懷疑其核心已編入遺傳而不必再通過教育獲得了。我覺得自己像在大海裏游泳，無邊浪濤揮之不盡，什麼時候才能登上彼岸，有從樹上剛下來的原始人那樣一個澄明無邪的頭腦。" [3]

相較於王朔在上世紀九十年代 "我是流氓我怕誰" 的言說風格，上述文字明顯安靜了許多，但他的反文化立場與後現代式的解構意向，卻是與他的早期思想一脈相承，而且質疑的力度反而更爲強勁，探究的思路也更爲明晰，甚至可以說，他終於從情緒化地否定一切，走上了終極追問之路："理想就那麼清白嗎"？被植入我們意識的 "世界觀價值觀" 是可靠的嗎？人類對自我的認識和肯定是確鑿的嗎？這些問題歸結起來其實只有一個：使人成爲人的文化是可欲可信的嗎？

"觀乎天文，以察時變；觀乎人文，以化成天下。" [4]這是《周易》對天道和人道的界分，從《周易》所代表的早期中國哲人的這個觀察角度來看，所謂文化，應當就是一種化動物性爲人性、

---

3 《王朔文集》自序。
4 《易·賁卦·象傳》。

化原生狀態爲文明狀態的精神力量。這種精神力量的核心，正是
王朔所極力挑戰的理想、價值觀和世界觀。如果理想確如王朔所
說的那樣，本身就不清白，如果世界觀價值觀也如王朔所說的那
樣，根本就不可靠，這是不是就意味著，文化是無意義的呢？要
澄清這個問題，不妨先從反方向來思考：如果捨棄了理想、價值
觀和世界觀，如果抽空了人之爲人的價值支撐，人類將如何生存？
難道人類真的應當回復到剛從樹上下來時的"澄明"狀態？

　　對於這兩個問題，我們可以從中西方思想史裏找到兩種截然
相反的現成答案，一種是從人與禽獸之辨或神性與獸性之辨的角
度給出的肯定性答案，中國的儒學，西方的柏拉圖、康德一系的
思想，就是這方面的代表；一種是從文明的不滿和異化的角度給
出的否定性答案，老莊的某些言述，西方的盧梭、尼采一系的思
想，就是這方面的代表。從這個意義上說，王朔的終極挑戰與終
極追問，也並不是什麼新鮮話題，而且一旦把他的否定性思考與
思想史領域的同類思考相對照，他的蒼白和幼稚也就無所遁形
了。不過，我們也不必苛責於王朔，他畢竟只是一個小說家，並
且是一個從破四舊和文化革命的荒原中走出來，後來靠惡補中西
方理論才填充了大腦的挑釁者、質疑者，離自成一體的大家還遠，
作爲過渡時期的產物，他繁雜的體驗恐怕也只能過濾出幾個澄明
的片段而已。

　　此外，王朔在面對理想、價值觀和世界觀等文化軸心力量時
所表現出的困惑，雖然並不新鮮，確也並不過時。因爲，人類的
原始本能、自發意向與超越性或外在強制性形塑力量的對抗和衝
突是永恆的，人類在面對這種衝突時所產生的困惑和焦慮也是永
恆的。從自發到自覺，絕非理論的把戲，也絕非做做思想工作就

可以一勞永逸，它註定了是“一個人的戰爭”，甚至是一生的戰爭，你的開悟，你的救贖，只能靠你自己的思考與踐履來成就。《卡拉馬佐夫兄弟》中的佐西馬長老勸說阿遼莎離開修道院而去塵世曆煉，確實是大有深意，── 如果一個人對理想與價值的崇信，脆弱到只能深鎖在一個封閉的環境裏，這種崇信又有什麼意義？

更何況，古往今來，又有多少理想是清白的？又有多少價值觀和世界觀是可靠的？

不過，如果從本源的意義上來看，理想作爲提升實存的意向，價值觀作爲形塑我們對是非善惡的主觀感知的力量，世界觀作爲形塑我們對實存的客觀認知的力量，又確實是人之爲人的不可或缺的價值與精神支撐，如果因爲它們所派生的負面效果而將它們本身一併捨棄，人類恐怕確實要倒退回了蒙昧時代。至於人類是否會因此而恢復了從樹上剛下來的原始人，也就是在摩爾根的史前史分期中屬於蒙昧時代初期階段剛結束的原始人的“澄明”大腦，那就要看對“澄明”這個概念作何理解了。

老莊主張絕聖去智，以使充滿詭詐機心的人類回復到混沌未鑿的狀態，而混沌未鑿也就是從樹上剛下來的原始人的精神狀態。這種意義上的“澄明”，是一種未受任何文明因素和文化因數沾溉的精神狀態，只是空明一片，空白一片，無所謂知識，無所謂理念，無所謂價值觀，無所謂世界觀，甚至無所謂價值，也無所謂“世界”。這種狀態下的人類，保持著和“自然”（與“世界”相對立）的最直接、最源初的感性聯繫，他們只是簡單地勞作和生存，而不會有超出基本生存之外的種種盤算和規劃，也不會有來自文明秩序的種種自覺不自覺的約束和困擾，他們在精神上因而是自由的，也是最少痛苦的。

　　這種意義上的"澄明"，和海德格爾所謂"澄明"（Lichtung，本義爲林中伐木後的敞空處，其中文譯名得到海氏本人的首肯）看起來頗相似，因爲他說：

　　"色彩閃爍發光而且唯求閃爍。要是我們自作聰明地加以測定，把色彩分解爲波長資料，那色彩早就杳無蹤跡了。只有當它尚未被揭示、未被解釋之際，它才顯示自身"，

　　"只有當大地作爲本質上不可展開的東西被保持和保護之際，……大地才敞開地澄亮了，才作爲大地本身而顯現出來。"[5]

　　"唯這種澄明才允諾並且保證我們人通達非人的存在者，走向我們本身所是的存在。由於這種澄明，存在才在確定的和不確定的程度上是無蔽的。"[6]

　　海德格爾的意思是說，人類不應憑恃自以爲無往不利的科學理性去分析、分解物件，因爲其結果恰恰是遮蔽了物件本身；試圖去"解釋"物件卻反而遠離了物件本身，這就叫"自作聰明"，或者說是"理性的自負"所必然要付出的代價。老莊主張"去智"，也正是有見於人類"自作聰明"所表現出的種種蠢相。再從人的自我認知與生存取向來看，"澄明"意味著心性的"自己如也"的敞開和澄亮，並由此從非人的存在者，走向我們本身所是的存在。老莊主張"絕聖"，也正是著眼於去除人爲的約束和干擾，而令爛漫的心性直達"天機"。

5　海德格爾《藝術作品的本源》，見《林中路》，孫周興譯，上海譯文出版社，1997 年，第 31 頁。
6　Martin Heidegger: "Poetry, Language, Thought"，中國社會科學出版社影印本，1999 年。

那麼，海德格爾所說的"澄明"，是不是就等義於混沌未鑿，並且將理性、價值、意義等等都排斥在外了呢？

在另一處，海德格爾如是說：

"道路屬於我們稱之為地帶（Gegend）的那個東西。約略說來，地帶作為對面的東西（das Gegnende）乃是自由開放的澄明（Lichtung），在其中被照明者與自行遮蔽者同時進入敞開的自由之中。地帶之自由開放和掩蔽是那種開闢道路的運動（Be-wëgung），這種開闢道路的運動產生出那些歸屬於地帶的道路。"

"但'道'（Tao）也許就是為一切開闢道路的道路（der alles be-wëgende Weg），我們由之而來才能去思理性（Vernunft）、精神（Geist）、意義（Sinn）、邏各斯（Logos）等根本上也即憑它們的本質所要道說的東西。" [7]

從這兩段文字可見，對海德格爾來說，"澄明"不是靜態的歸宿，而是道路的開創，理性、精神、意義、邏各斯這些人類賴以建構起對自然和人性的抽象認知，並逐漸主導了人類對自然和人性的抽象認知及由這種認知所派生的科學實踐、道德實踐、政治實踐的基本元素，只有在"自由開放的澄明"之中，才能獲得清晰的定位和定向。聖經說，"上帝說要有光，於是便有了光"。海德格爾所謂"澄明"，就彷彿上帝所創造的"光"，開啟並指引著人類文明的進路。如果我對海德格爾的理解是正確的，那麼，他就絕對不是一個反智主義者，更不是一個反文化論者。他對技術文明的批判，他對理性自負的反諷，並不是反對文明本身，也

---

7 《海德格爾選集》，孫周興選編，上海，1996年，下卷第1101頁。

不是反對理性本身。他其實是在宣告：人類已經誤入歧途，已經在"工具理性"運轉邏輯的強勢主導下，偏離了源初的道路。因此，人類應當從澄明之境出發，重新開始。所謂重新開始，也就是對人的生存與人類社會的發展路向進行逆既有趨勢而爲的價值定向。

　　對於海德格爾這一從澄明之境出發，而不是止於澄明之境的思路或召喚，我個人是相當認同並樂於呼應的；而對於王朔的復歸混沌未鑿狀態的訴求，我表示充分的同情，但卻無法認同。王朔的問題在於，他或許是疲倦了，疲倦於教條的欺人，疲倦於人事的吊詭，也疲倦於真僞莫辨、善惡難分的人情世態，── 也許今天還是眾人眼中的君子，明天就被證明是個小人。王朔的這種道德疲倦，當然是從他的文革記憶與後文革體驗中蔓生而出，但歸根結柢，還是根源於人性，根源於誠實的道德奠基的滯後。

　　文革誠然是一場道德災難，它摧毀了既有的價值秩序，由此所引發的價值紊亂，不但沒有在後文革時期得到有效調理，反而因爲有意的遮蔽、有選擇的失憶和以實用理性"偷換"價值理性的人爲操控而更趨嚴重。王朔是個聰明人，他或許正是洞見或直覺到了這一精神現象背後的玄機，所以才將後文革時期也歸入蒙昧時代，或者說是蒙昧時代的延伸。按照《周易》對"蒙"卦的解釋，"蒙"就是物之初，物之稚。物之初，物之稚，不過是智力未開，不同於蒙蔽，也不同於智力已開而陷入非理性的迷狂。摩爾根所謂"蒙昧"，即類乎《周易》所謂"蒙"，他所謂"蒙昧時代"，也就是人類智力未開的時代，這種人類學意義上的蒙昧時代與王朔所說的蒙昧時代根本就是兩回事。王朔所見證的那個蒙昧時代，毋寧說是蒙蔽時代，人們不是沒有認知能力，但它是被扭曲和誤導的。

如果王朔確是一個有道義擔當的話語反抗者，那麼，他的超離於文化政治學意義上的蒙昧時代（也即蒙蔽時代）而復歸於人類學意義上的蒙昧時代的訴求，實質上就是一種無力反抗的表徵，我們可以從中體察到一種刻骨銘心的絕望，並感同身受。這種絕望的、失敗主義的情緒，正是王朔式的道德疲倦的底蘊。從這個意義上說，道德帶給王朔的痛苦是雙重的，一重是康德所謂人的欲望、情感受到責任的壓制所必然感受到的神聖痛苦[8]，另一重則是無力重建價值所帶來的痛苦，前者是普遍的，後者是特殊的。—— 人之天性無不趨樂避苦，既然道德如此讓人痛苦，我們是不是就該放棄重建價值的努力呢？

在討論上述問題之前，我們首先要探究的是，在擺脫了責任的約束與道義的擔當之後，我們真的就快樂了嗎？

毫無疑問，當人們在脫卸了一切文明的牽累之後的那一瞬間，一定會有無比輕鬆和自由的快感，就像受困籠中的鷹隼飛上了天空，但這種非道德（未必是反道德）的狂歡註定是轉瞬即逝的。人們首先會感到空虛，因爲任何肉身的享樂，都不過是曇花一現的幻影，無法支撐起我們的生命。《阿甘正傳》中的簡妮就是人類試圖挑戰文明而陷於失敗的掙紮之中的 "奮鬥" 歷程的一個縮影。在大學時代，簡妮就因爲在《花花公子》刊登自己的裸照而被學校開除，其後流落於酒吧，參加反戰集會，酗酒，吸毒，濫交，……幾乎一切現代社會所能提供的刺激性消費，簡妮都嘗過了，她活得確實非常自由，也確實在某些瞬間感受到了極樂，

---

8 參見康德《實踐理性批判》中譯本序，鄧曉芒譯，人民出版社，2003。

否則她也不會一次次從阿甘身邊逃離，但她的生命卻並沒有因為幾個快樂的瞬間而得到安頓，我無法忘懷她在月光中蹬著高根鞋爬上露臺準備往高樓下跳時的神情，那一種絕望和空虛，不能不讓人心悸。她對絕對自由的與生俱來的渴望，反過來成了一種奴役她的力量，在這種力量的驅使下，她就像一頭被欲望追逐的兔女郎，不停地裸奔，欲罷而不能。她最後因為患上愛滋病而永遠地回到了阿甘的懷抱，回到了平靜的生活，並在平靜中死去。這是命運對她的最後饋贈，她無疑是幸運的，因為還有這樣一個看似愚笨卻有著樸素而堅定的生存理念的人以一生的等待在守侯她，使她在臨死前的短暫時光中，終於安頓了自己的性命。可是，又有多少簡妮式的反叛者能夠像她那樣幸運呢？

對於簡妮式的生存狀態，昆德拉已經以"生命中不能承受之輕"這一詩化的表述作了精巧概括。此處的"輕"，正是自由的代價，也是反文明、反倫理衝動的代價。在欲望的輕逸與美好的沉重之間，何去何從？這的確是我們誠實地思考我們的生存方式與價值取向時所必需面對的理論性問題，更是我們試圖從文明秩序、從偽善的權力操控所帶來的痛苦中超脫出來時所無法迴避的切身性問題，　——　作為現代人，甚至簡單地只是作為人，誰又敢說自己的血液裏沒有簡妮或者薩賓娜的基因？誰又敢說自己能夠輕易地超離簡妮或者薩賓娜式的迷惘和生存悖論？

從哲學史的角度來看，昆德拉所揭示的輕與重的生存悖論也並不是什麼新發現，因為它其實就是對"痛苦的蘇格拉底與快樂的豬"這一經典哲學論題的藝術化演繹。蘇格拉底是痛苦的，因為他有理性，並且要永無止歇地驅使道德理性去馴服欲望與激情，甚至在生之大欲受到挑戰的關頭，也不得不接受神聖律令的召喚而慷慨赴死。豬所以快樂，因爲它根本就沒有理性，也無所謂生存的抉擇，它的眼睛只盯著食槽，也只能盯著食槽，它的存在僅僅在於基本生存欲望的簡單滿足，吃飽了就攤開四肢，曬曬太陽，這在終日營營役役或者終日苦苦追問生命意義的文明人看來，著實是一幅快樂逍遙圖。

　　當然，豬在鼓腹高臥的時候，是不是真能感到快樂，也只有豬自己知道，子非魚，安知魚之樂？可是文明人非要自作多情地移情於魚，移情於豬，那也不是這些無知無識的低等動物們所能干預的，所以莊周時代的魚，古希臘的豬，也就不得不擔著快樂天使的頭銜，闖入了人類的思想史和心靈史。

　　不過，雖說鼓腹高臥的豬或出遊從容的魚到底快不快樂我們無法判定，但一個活得像豬一樣的人未必就快樂，這一點倒是確鑿的。往淺了說，人活於世，基本的生存欲望，如飲食男女，雖然簡單，卻並不容易滿足，因爲人不是豬，在正常情況下，沒有人會把飼料送到你的嘴邊，也沒有人會來給你安排配種，所以你就得去求，求而不得就會痛苦。往深了說，人的欲求往往難有止境，吃飽了就想吃好的，吃到了好的就想要更好的，──或許有時也會躺下來曬曬太陽，但這只不過是喘口氣而已。此外，人的欲求還有很豐富的層次，就算是一個隻追逐私利的人，也會受到如成就感之類“被植入”的非道德需求的驅迫，如果得不到滿足，就會感到失落，而失落也是一種痛。這種失落之痛固然不同於肉身快感難以持久所帶來的空虛之痛，但也同樣是生命中不能承受之輕。如此說來，做一頭快樂的豬也不是件容易的事。在更多的時候，一個無道德感因而也無內在約束之痛的利己者，卻不幸活得像一頭痛苦的豬。

　　我以為，人生的境界有四種，最高的境界是快樂的蘇格拉底，其次是快樂的豬，再次是痛苦的蘇格拉底，最糟糕的狀態就是痛苦的豬。人生於世，誰不想活得快樂？誰會以追求痛苦為目標？只是，快樂的願望雖然看起來很尋常，但真能活得快樂的人卻只有兩種，一種是能夠協調好靈魂中理性部分與非理性部分（欲望、激清）的衝突，也能夠在豐富的欲求層次中以無厚如有間、游刃自如的人，我把這種人稱為快樂的蘇格拉底；另一種人沒有什麼複雜的念頭，也沒有很強烈的欲望，小有所得就能令他滿足，我把這種人稱為快樂的豬。很顯然，後一種快樂是簡單的快樂，前一種快樂則是豐富的快樂，得到這種快樂的難度更大，所需要的技巧也更高，所以其境界也就更高。而一如快樂有豐富和簡單之別，痛苦也有豐富和膚淺之別，蘇格拉底的痛苦就是豐富的痛苦，其所以豐富，是因為他的痛苦是神聖的痛苦，也是悖論的痛苦，所謂神聖的痛苦，也就是康德意義上的內在約束之痛，對康德來說，這種痛苦恰恰是自由意志的表徵；所謂悖論的痛苦，也就是詩人穆旦在“你給我們豐富，和豐富底痛苦”的吟唱中所揭示的吊詭神意所帶給我們的痛苦：“就把我們囚進現在，呵上帝！／在犬牙的甬道中讓我們反覆／行進，讓我們相信你句句的紊亂／是一個真理。”這裏所說的“紊亂”，我把它理解成是神賜的理性與天賦的本能之間不可調和的迷狂狀態，—— 如果蘇格拉底能夠自如地協調好兩者的衝突，他還會痛苦嗎？與此相對照，豬的痛苦就要膚淺得多，這是一種僅僅因為物欲不能得到滿足所產生的痛苦。理學大師程頤釋《論語》“君子坦蕩蕩，小人常戚戚”

句曰："君子循理，故常舒泰；小人役於物，故多憂戚。"[9]其所謂"憂戚"，正是一頭豬的痛苦。

在中國古典哲學中，有所謂"孔顏樂處"的提法，《論語》中的以下三段語錄就是其寫照：

> 子曰："飯疏食飲水，曲肱而枕之，樂亦在其中矣。不義而富且貴，於我如浮雲。"（《論語·述而》）
>
> 子曰："賢哉，回也！一簞食，一瓢飲，在陋巷，人不堪其憂，回也不改其樂。賢哉，回也！"（《論語·雍也》）
>
> "點！爾何如？鼓瑟希，鏗爾，舍瑟而作，對曰：異乎三子者之撰。子曰：何傷乎？以各言其志也。曰：暮春者，春服既成，冠者五六人，童子六七人，浴乎沂，風乎舞雩，詠而歸。夫子喟然歎曰：吾與點也！"（《論語·先進》）

由這三段語錄可見，"孔顏樂處"該是一種超然物欲之外的自得之境。之所以說"超然物欲之外"，而不說"超然物外"，是因爲孔顏之樂，或者說聖賢之樂，乃是一種在世的快樂，而非超離塵世、超離現象界的快樂。這種在世之樂既不同於"永結無情遊，相期邈雲漢"式的逍遙之樂，更不同於佛教所謂解脫、所謂涅槃，其所以不同，是因爲孔顏並不排斥塵世的富貴，更沒有絕棄塵世的使命。只不過，君子當知天命、順天命，取之不義，不爲；行道非時，不爲。所以《中庸》說，"君子居易以俟命"。所謂"命"，也就是天命；所謂"居易"，也就是在環境時勢的變易中安靜地感悟、安靜地等待，不著急，不強求，所以能快樂，所以孔子說，"仁者不憂"。不過，僅有仁心，尚不能有此樂，

9 朱熹《孟子章句集注》之"述而"篇。

還需輔之以"行其所無事"的通達，才能在窮困淹蹇中自得其樂。這種"行其所無事"的通達，正是孟子所說的"大智"，也就是大智慧，類乎釋家所謂菩提心；而所謂仁心，又類乎釋家所謂慈悲心。慈悲心、菩提心兼具，是為大德；仁智兼備，是為聖人，是為君子。"君子循理而舒泰"，理者，天理，意為上天所示之則。知天理、循天理者，智；知天理、循天理者而入世者，智且仁。仁以有為，智以無為，故能舒泰。舒泰者，通達之樂，唯君子為能，小人反是而常憂戚。簡言之，小人是痛苦的，君子是快樂的，表面看來，這不是正好在和"痛苦的蘇格拉底與快樂的豬"這樣的論題唱反調嗎？

其實，這兩者並不矛盾。首先，我們不能把快樂的豬等同於小人。"小人喻於利"（《論語·里仁》），"利者，人情之所欲"，"唯其深喻，是以篤好"[10]。而豬所以能快樂，是因為無所"篤好"，簡簡單單就能滿足，小人嗜欲既深，所以常常感到痛苦。這就意味著，小人只能算是痛苦的豬，而無法和痛苦的蘇格拉底構成存在狀態的截然對照。其次，君子雖然篤好於義，但"義者，天理之所宜"[11]，君子順天行事，但求無愧我心，也就無所謂神聖的痛苦。換言之，以天責自律，未必就會有蘇格拉底式的痛苦，如果有足夠的智慧，反而能夠因此擺脫世俗的煩擾與物欲難償的苦痛。這就意味著，倫理道德作為一種外在或內在約束，固然是某些人的痛苦之源，用王朔的話來說就是，"因為有倫理道德所以你痛苦"，但對於那些具有大關懷與大智慧的人來說，倫理道德非但不是痛苦之源，反而是療治精神痛苦的藥方，—— 只要你

10 朱熹《四書章句集注》"里仁"篇。
11 同上。

能夠涵養出順乎天命、其實也就是順乎自然之則的道德自覺，就能獲得孔顏之樂。就此而言，倫理道德是不是讓人痛苦，其實是一個關乎心性的問題。如果心性沒有修煉到一定境界，便難免會蔽於物欲、俗見，忽以物喜，忽以己悲；如果心性足夠達觀、仁厚，也就能化世人之苦爲樂，且不以神聖之痛爲痛，簞食瓢飲，固然樂在其中，強恕而行，也不以爲苦。不過，君子心性並非輕易可以成就，聖賢如孔子，也只敢自詡"七十而從心所欲不逾矩"，可歎世人每以"小人"相責，卻昧於自見。

事實上，任何一個生性嚮往自由的人，都不願意受到外在的約束，無論是法律，神律，還是道德律。這些外在的約束是如此得礙眼，就像是宏偉大廳裏的根根石柱，可是，稍有理性的人都知道，如果沒有了這些石柱，整座大廳就會崩塌。這座由各種理念的石柱支撐起來的大廳，就是我們"被拋入"的文明世界。身爲文明人，既逃脫不了外在規範的約束，更難以擺脫那些"被植入"的價值觀的左右，由此所帶來的痛苦，可以說是文明的代價。

我以爲，一個合理的價值體系應當充分正視人性的特點與弱點，盡可能地減輕人們的痛苦，也應當給人的欲望以一定的伸展空間。孔子說，"道不遠人，人之爲道而遠人，不可以爲道。"（《中庸》）所謂"道不遠人"，可以理解成我們應貼近人性和人的生存來建構價值體系、確立核心價值，而不應人爲地割裂世俗生活與道德生存，也不應任憑道德想像的驅策而罔顧人性的真實，否則，一切試圖提升實存、完善人性的努力，不是徒然建起了空中樓閣，就是事與願違地開啓了人性異化的禍端。王朔的調侃與反諷，恰恰暴露了道德空想的可笑與假道德之名行弄權之實的可惡，部分人因此而感到恐慌和"義憤"，更多的人因此而暗中稱快，也實在是情理中事。

　　清代哲學家戴震主張，理義之"必然"應順乎人欲之"自然"。在他看來，血氣心知之性乃自然之性，懷生畏死、飲食男女、感於物而動，皆自然之性，惻隱、羞惡、辭讓、是非之心皆出之於自然之性，所以他說，"使無懷生畏死之心，又焉有怵惕惻隱之心？"[12]而惻隱、羞惡、辭讓、是非之心分別爲仁、義、禮、智之始，而仁、義、禮、智即爲"懿德"，即爲"必然"（應然）之訴求。歸於"必然"，即合於"理"，此所謂"理在欲中"。[13]而歸於必然，又可以使自然之性發揮至極致。換言之，應然之規範並非外在、超然於自然之性，而是衍生於自然之性，並引導自然之性有一合度、充分之發揮。戴震的這一思想可以說是對"道不遠人"這一智性直覺的富有邏輯性的闡發，在我看來，這是一種具有現代性色彩的儒家倫理思想，它突出了道德的自主性、人格的自主性和人性在情欲遂達上的合理性，與當今的普世價值有更大的相容性。

　　我們只要在價值重建的努力中，重新啓動"道不遠人"和"理在欲中"這兩個在思想史上遙相呼應的價值原則的內在精神和生命力，就不會迷失提升實存和完善人性的方向，從而既可以避免僞善的蔓生，也可以儘量減輕人們的痛苦，包括精神上的痛苦。照康德的說法，人的內在節制是一種神聖的痛苦。我想，我能理解康德這種提法的用心，可是，痛苦不會因爲被神聖化了，就不再是痛苦。如何使神聖的痛苦變得不那麼痛，甚或化苦爲樂？這實在是一種高明的技巧，或者說心法。儒家式的居易俟命的心

12　戴震《孟子字義疏證》卷中"性"第二條。
13　戴震《孟子字義疏證》卷上"性"第二條。

法在這一點上就頗有妙用。

　　前文提到，王朔所見證的那個蒙昧時代，毋寧說是蒙蔽時代，人們不是沒有認知能力，但它是被扭曲和誤導的。由於對這個時代的欺人教條，吊詭人事以及真僞莫辨、善惡難分的人情世態感到了深刻的厭倦，王朔開始了他的玩世不恭的調侃與反諷。多年之後，他似乎對對自己喋喋不休的話語反抗也感到了厭倦，於是渴望著擁有原始人的那一個"澄明無邪的頭腦"。只是原始人的大腦固然是天真未鑿，卻離智性的澄明還隔著好幾個進化的階段。人類不可能爲了走出蒙蔽時代，就走回物之初、物之稚的蒙昧時代，因此，對於王朔和一些學院派學人殊途同歸的反啓蒙心態，我是不能苟同的。什麼是啓蒙？我以爲，啓蒙就是在自由開放的智性澄明中，反思與重估"被植入"的"世界觀價值觀"。所謂自由開放的智性澄明，類似於康德所說的獨立地運用自己的思考能力。那麼，什麼是道德的啓蒙？我以爲，道德的啓蒙不是由外而內地植入一套既有的價值觀、道德觀，而應當是指對自身的道德感與佔據主流地位的價值觀念、道德規範的反思與重估。沒有這樣的道德啓蒙，也就無法誠實地進行新的道德奠基，也就談不上價值重建。正如獨立的思考也需要有所依託，不可能是無所待的空想，道德的啓蒙也同樣需要找到相應的支撐點，照我個人的看法，"道不遠人"、"理在欲中"這兩個原則就是道德啓蒙和價值重估的有效依託。

　　在確立了上述前提後，本文擬對王朔的代表作《頑主》進行個案分析，分析的重點則是現代敘事中的"君子小人之辨"。王朔的這部小說有意利用了君子、小人的人格對立結構以組織人物關係，並巧妙地進行了拆解和錯置，給人以君子不像君子、小人不像小人的滑稽感、荒謬感，這部小說因此可以說是對　"君子小人之辨"的另類圖解，它凸顯出了對"君子人格"這一理想化訴求的的道德意涵進行創造性轉化的必要性，以免其一再地淪爲世人嘲弄的物件而喪失了維繫一個社會的價值信念的源初功能。

第二節　《頑主》："君子小人之辨"的另類圖解

一、"君子小人之辨"的傳統意涵

欲明"君子小人之辨"的傳統意涵，有必要首先考察"君子"一詞在早期典籍中的使用情況。

"君子"在《尙書》中出現約 7 次。3 次在僞古文中，4 次分見於《酒誥》、《召誥》、《無逸》、《秦誓》：

《酒誥》：庶士有正越庶伯君子，其爾典聽朕教！

《召誥》：予小臣敢以王之讎民百君子越友民。

《無逸》：君子所，其無逸。

《秦誓》：俾君子易辭，我皇多有之！

這 4 處的"君子"，意思比較一致，指有地位的人。

在《詩經》中，"君子"已是使用頻率很高的一個詞，共計出現達 180 餘次，指稱的對象主要有以下幾類：一、女子的丈夫或者情人，如《風雨》："風雨如晦，雞鳴不已。既見君子，云胡不喜？"《晨風》："未見君子，憂心靡樂。如何如何？忘我實多。"《君子於役》："君子於役，不知其期。曷至哉？雞棲於塒，日之夕矣，羊牛下來。君子於役，如之何勿思？”《草蟲》：“陟彼南山，言采其薇。未見君子，我心傷悲。”二、有地位的人。可以是周天子，如《蓼蕭》：“既見君子，爲龍爲光。其德不爽，壽考不忘。”可以是諸侯、大臣，如《庭燎》：“夜如何其？夜未央，庭燎之光。君子至止，鸞聲將將。”《雲漢》：“大夫君子，昭假無贏。”還可以是小臣、弄臣。如《君子陽陽》：“君子陽陽，左執簧，右招我由房。其樂只且！”三、賢人。《有杕之杜》：“彼君子兮，噬肯適我？中心好之，曷飲食之？”《鳲鳩》：“鳲鳩在桑，其子七兮。淑人君子，其儀一兮。”四、頌辭中被頌揚之人。《桑扈》：“交交桑扈，有鶯其羽。君子樂胥，受天之祜。”《鴛鴦》：“鴛鴦於飛，畢之羅之。君子萬年，福祿宜之。”

　　“君子”在《周易》裏也是一個常用詞，出現約 120 次，但在經文中不足 20 次，且經文中的意義與傳文中有所不同。經文裏“君子”意義有二：其一，如朱子所言，“君子指占者而言”。《易經》經文爲占卜之辭，卜辭是說給問卦者聽的，因此，“君子”在經文裏常指問卦者：“君子有攸往，先迷後得主。”“否之匪人，不利君子貞”。其二，有地位的人：“君子得輿，小人剝廬。”“君子吉，小人否。”

　　綜上所述，可以得出幾點結論：一、在《論語》之前的時代，“君子”是一個被廣泛使用的對男子的稱謂，鑒於其在《詩經》中的使用情況，我們甚至有理由認爲，“君子”在當時是一種較口語化的稱呼；二、很多情況下用來指稱貴族或有地位的人；三、在等級社會裏，有地位者往往也受人尊重，所以“君子”一詞在使用的過程中也帶有了褒義；四、“君子”“小人”之別首先是指有地位者和平民百姓的分別，但其道德意涵也已初見端倪。

　　“君子”一詞在《論語》中才具有了全新的意義，由一般性的稱謂演變為儒家道德理想踐行者的代名詞，也就是上升為了倫理學層面的“價值詞”（value-word）。“君子”在《論語》中出現達 105 次，頻率僅次於“仁”，對於“君子”的含義，《論語》作了多方面的解說：

1、君子的儀容：

　　君子不以紺緅飾。紅紫不以為褻服。（鄉黨第十）

　　君子正其衣冠，尊其瞻視。（堯曰第二十）

2、君子的神情氣質：

　　君子無所爭，必也射乎！揖讓而升，下而飲，其爭也君子。（八佾第三）

　　君子所貴乎道者三：動容貌，斯遠暴慢矣；正顏色，斯近信矣；出辭氣，斯遠鄙倍矣。（泰伯第八）

　　君子有三變：望之儼然，即之也溫，聽其言也厲。（子張第十九）

3、君子的心性：

　　君子坦蕩蕩。（述而第七）

　　君子不憂不懼。（顏淵第十二）

4、君子的修養：

　　君子不重則不威，學則不固。（學而第一）

　　文質彬彬，然後君子。（雍也第六）

　　君子博學於文，約之以禮，亦可以弗畔矣夫！。（雍也第六）

　　惜乎！夫子之說，君子也。駟不及舌。文猶質也，質猶文也。虎豹之鞟猶犬羊之鞟。（顏淵第十二）

5、君子的操守：

君子固窮，小人窮斯濫矣。（衛靈公第十五）

君子謀道不謀食。耕也，餒在其中矣；學也，祿在其中矣。君子憂道不憂貧。（衛靈公第十五）

6、君子的處世之道：

君子務本，本立而道生。（學而第一）

君子食無求飽，居無求安，敏於事而慎於言，就有道而正焉。（學而第一）

君子恥其言而過其行。（憲問第十四）

有君子之道四焉：其行己也恭，其事上也敬，其養民也惠，其使民也義。（公冶長第五）

7、君子的交友方式：

君子矜而不爭，群而不黨。（衛靈公第十五）

君子敬而無失，與人恭而有禮，四海之內皆兄弟也。君子何患無兄弟也。（顏淵第十二）。

君子以文會友，以友輔仁。（顏淵第十二）

益者三友，損者三友。友直，友諒，友多聞，益矣。友便辟，友善柔，友便佞，損矣。（季氏第十六）

8、君子的人生目標：

君子去仁，惡乎成名？君子無終食之間違仁，造次必於是，顛沛必於是。（里仁第四）

君子喻於義，小人喻於利。（里仁第四）

可以說，《論語》中的"君子"，是一副完整的"道德君子"的形象。對於《論語》創造"新君子"之事，前輩學者多有論及。胡適在《中國哲學史大綱》中說："孔子又提出'君子'一個名詞，作爲人生的模範……孔子所說君子，乃是人格高尚的人，乃是有道德，至少能盡一部分人道的人。"[14]余時英先生《儒家的"君子"理想》亦云："君子的觀念至孔子時代而發生一大突破，至王陽明時代又出現另一大突破。" "君子到了孔子的手上才正式成爲一種道德理想。"[15]

　　《論語》思想體系的一個突出特點就是它的現實性。孔子既不語"怪、力、亂、神"，弟子問死後之事，他也說"不知生，焉知死"。孔子有遠大理想，但在他的精神世界裏，並沒有彼岸，沒有要信仰的神靈。孔子所提到的最高人格化概念就是"聖人"，但聖人不是神，而是人，是幾近 "至善之人"。而且，聖人並不神秘，孔子衡量聖人，也是用現實的標準。子貢曾問："如有博施於民而能濟衆，何如？可謂仁乎？"孔子答："何事於仁，必也聖乎！（《論語·雍也》）"所以，"聖人"在《論語》中，不是信仰的對象，而是學習的榜樣，是努力的方向。因此，後世儒者並不諱言 "學爲聖人"的想法。《孟子·公孫楚上》云："聖人之於民，亦類也。出於其類，拔乎其萃。"《荀子·修身》："學惡乎始？惡乎終？……其義則始乎爲士，終乎爲聖人。"

　　這種思維方式是中國軸心時代的一個思想原點，對中國的歷史發展產生了巨大影響。佛教傳入中國後，至唐代禪宗出而徹底中國化，《壇經》記惠能見五祖弘忍時，弘忍和尚問："汝何方人？來此山拜吾，汝今向吾邊復求何物？"惠能答曰："弟子嶺南人，

---

14 胡適《中國哲學史大綱》（卷上）第四篇，見《胡適學術文集 —— 中國哲學
　　史》（上冊），中華書局，1991。
15 余英時《儒家"君子"的理想》，見余英時著《現代儒學的回顧與展望》，
　　三聯書店，2005。

新州百姓，今故遠來禮拜和尚。不求餘物，唯求作佛！" 這種想法和 "終乎爲聖人" 一脈相承，在西方的基督教世界，是不可思議的事。

至於 "聖人" 和 "君子" 的關係，孔子也是交代得比較清楚的："聖人，吾不得而見之矣；得見君子者，斯可矣！"（《論語·述而》）顯然，"聖人" 和 "君子" 是同一理想的兩個級別。《荀子·修身》則對這一理想的修行層次作了更明確的說明："好法而行，士也。篤志而體，君子也。齊明而不竭，聖人也。人無法則倀倀然，有法而無志其義則渠渠然，依乎法而又深其類然後溫溫然。"

由於 "君子" 是一般人尚能企及的理想人格，而且只是通往 "聖人" 的一個過程，所以，孔子對 "君子" 的要求並不求全責備："君子而不仁者有矣乎，未有小人而仁者也。"（《論語·憲問》）也就是說，君子是可以有缺點的，不是完美的。孔子不僅不語 "怪、力、亂、神"，實際上連 "聖人" 也罕言，《論語》中 "聖人" 一共約出現 4 次，說得多的就是 "君子"。因爲在孔子的道德理想中，做 "君子" 是切實的要求，而成爲 "聖人" 則是終極的目標。

如果說君子聖人之辨所顯示出的是較高理想與最高理想的差距，君子小人之辨所凸顯的則是理想化人格與非理想化人格的對立。君子在神情氣質、心性修養、處世之道、人生目標等諸方面的特徵或取向，無一不和小人構成截然對照，簡直就像是老套電影裏對正反角的塑造，只要正反角同時出場，好壞立判：

君子泰而不驕，小人驕而不泰。（《論語·子路》）

色厲而內荏，譬諸小人，其猶穿窬之盜也與？（《論語·陽貨》）

君子懷德，小人懷土；君子懷刑，小人懷惠。(《論語·里仁》)

君子坦蕩蕩，小人長戚戚。(《論語·述而》)

君子易事而難說也：說之不以道，不說也：及其使人也，器之。小人難事而易說也：說之雖不以道，說也；及其使人也，求備焉。"(《論語·子路》)

君子有三畏，畏天命，畏大人，畏聖人之言；小人不知天命而不畏也，狎大人，侮聖人之言。(《論語·季氏》)

君子不可小知，而可大受也；小人不可大受，而可小知也。(《論語·季氏》)

君子固窮，小人窮斯濫矣。(《論語·衛靈公》)

君子求諸己，小人求諸人。(《論語·衛靈公》)

君子素其位而行，不願乎其外。素富貴，行乎富貴。素貧賤，行乎貧賤。素夷狄，行乎夷狄。素患難，行平患難。君子無入而不自得焉。在上位，不陵下。在下位，不援上。正己而不求於人，則無怨。上不怨天，下不尤人。故君子居易以俟命，小人行險以徼幸。(《中庸》)

君子周而不比，小人比而不周。(《論語·爲政》)

君子和而不同，小人同而不和。(《論語·子路》)

君子喻於義，小人喻於利。(《論語·裏仁》)

　　從以上一系列平行對照可以看出，在原始儒家的思想框架裏，君子、小人是因應倫理範世的需求而構造出來的一對典型人物。小人這個形象集中體現了人性的弱點，他們缺乏教養，受物欲的奴役，屬於未開化的"野蠻人"、"下等人"；君子這個形象則是"文明人"的理想原型，他們經過禮樂教化的洗禮，集中體現了人性中善好的一面。程朱以公私、義利、善惡、理欲之辨

詮釋原始儒家的 "君子小人之辨" ，而又以理欲之辨爲本，可以說是執簡馭繁，頗有廓清之效。

如朱熹釋 "君子泰而不驕，小人驕而不泰" 曰，"君子循理，故安舒而不矜肆。小人逞欲，故反是。" （《四書章句集注》，下同。）

引尹氏之言釋 "君子和而不同，小人同而不和" 曰，"君子尚義，故有不同。小人尚利，安得而和？"

釋 "君子周而不比，小人比而不周" 曰，"君子小人所爲不同，如陰陽晝夜，每每相反。然究其所以分，則在公私之際，毫釐之差耳。故聖人於周比、和同、驕泰之屬，常對舉而互言之，欲學者察乎兩間，而審其取捨之幾也 。"

釋 "君子易事而難說，小人難事而易說" 曰，"君子之心公而恕，小人之心私而刻。天理人欲之間，每相反而已。"

釋 "君子喻於義，小人喻於利" 曰，"義者，天理之所宜。利者，人情之所欲。"

釋 "君子懷德，小人懷土；君子懷刑，小人懷惠。" 曰，"君子小人趣向不同，公私之間而已。" 又引尹氏之言曰，"樂善惡不善，所以爲君子；苟安務得，所以爲小人。"

引謝氏之言釋 "女爲君子儒，無爲小人儒" 曰，"君子小人之分，義與利之間而已。然所謂利者，豈必殖貨財之謂？以私滅公，適己自便，凡可以害天理者皆利也。"

引程頤之言釋 "君子坦蕩蕩，小人長戚戚" 曰，"君子循理，故常舒泰；小人役於物，故多憂戚。"

釋 "君子上達，小人下達" 曰，"君子循天理，故日進乎高明；小人殉人欲，故日究乎汙下。"

釋"君子有三畏"曰，"天命者，天所賦之正理也。知其可畏，則其戒謹恐懼，自有不能已者。而付畀之重，可以不失矣。大人聖言，皆天命所當畏。知畏天命，則不得不畏之矣。'小人不知天命而不畏也，狎大人，侮聖人之言。'侮，戲玩也。不知天命，故不識義理，而無所忌憚如此。"

很顯然，天理人欲之辨乃是程朱用以釐清、統攝包括君子小人在內的眾多道德範疇和相關論述的主軸，具有道德奠基的功能。在他們看來，循天理者即是君子，殉人欲者即是小人；而義為天理之所宜，利為人情之所欲，因此，循天理者必定篤好於義，殉人欲者必定篤好於利；循天理而篤好於義者又必定公而恕，樂善惡不善，殉人欲而篤好於利者又必定私而刻，且苟安務得。於是，義利、公私、善惡這幾對通常作為價值判斷尺度也很自然地用以區分君子、小人的道德範疇便都統一到了理欲之辨這一層面，成為理欲之辨的派生物，我們由此可以隱隱窺見程朱試圖將儒家倫理思想加以體系化重構的宏大理論抱負。

程朱之學的結構性缺陷在於二元對立思維的極端化，在他們的論述中，義利、公私、理欲以至君子小人，確"如陰陽晝夜，每每相反"，甚至是勢同冰炭，不可共存。戴震的"理在欲中"之說，以"自然進於必然"為立論基點，成功地融通了理欲的對立，從而化解了程朱理學的峻刻肅殺，並奠定了他的上承原始儒學"道不遠人"精神、下接近現代自由意志思潮的人道主義倫理學的基礎。

孔子說，"君子愛財，取之有道"，孟子以為，好色、好貨而不可獨專，當推己及人，方不墮於欲之私。孔孟的這種認知都相當的人性化，也就是相當切近人性，而且是開了"理在欲中"

之說的先聲。程朱主張存天理以遏人欲，甚至是滅人欲，其根本問題就在於將天理置於人欲之外，並將天理、人欲判分爲截然對立的兩極，而沒有順應人之"天性"開出價值規範，所以也就不幸地淪落爲專制工具，其在近現代的啓蒙狂潮中成爲備受攻訐和奚落的對象，不僅僅是因爲這一觀念的不近人情，也是因爲它的不通事理。人皆有七情六欲，也皆有所謂"善性"，因此，順應人之"天性"非只涵養善性一端，亦有放人欲出一頭地之意。然順應人欲，非放縱人欲，需節制之，節制之法，在激發善性，在以"道"（道德規範）"道"之。西方倫理學有所謂道義論（或稱義務論，以康德爲代表之一）和規範論之辨，激發善性，即在道義論之向度，以道道之，則在規範論之向度。戴震以"節而不過"總括制欲之法，不僅僅表明了他的人道主義精神，也凸顯了他在倫理思考上的高度智慧。相比之下，程朱的頭腦未免有些簡單，用通俗的話說，就是有點犯傻。

　　不過，程朱的天理人欲之辨雖然存在著截然割裂二者的致命缺陷，但對於廓清自孔子以降的君子小人之辨，確有相當大的助益。無可否認，君子小人的形象經孔子的重塑而充分道德化之後，其本質的區別確實在於循"理"和殉"欲"，發乎內而形於外，也就自然在儀容言動、神情氣質中顯現出不同面貌。只是照戴震的看法，循"理"者並非無"欲"，其所循之"理"也恰恰是從人欲之自然生髮出來，並非是一些超離塵世的絕對律令。由此可以推論出，好財、好貨、好色這些在程朱理學尤其是在其末流的道德觀念中屬於罪惡之源的本能欲望，都不是區別君子、小人的標準。能不能妥爲協調理欲的關係，也就是能不能循理以引導好財、好貨、好色等原欲而不爲物役，才是區別君子、小人的根本標準。

二、戳穿"君子"的假像

從儒家倫理思想的實踐層面來看，君子小人之辨在中國人的政治生活與日常生活所發揮的影響無疑是非常突出的。在日常生活中，中國人常常以君子、小人品評人物，如"謙謙君子"、"小人嘴臉"之類，好玩的是，幾乎每個人都習慣於自詡君子，張嘴就是"君子坦蕩蕩"、"君子一言、快馬一鞭"、"君子有所為有所不為"之類的道德宣示，這君子如何如何簡直成了中國人的道德口頭禪；在政治生活中，中國人也常以君子、小人作為判斷政治人格的依據，最出名的例子莫過於蘇轍在元豐舊黨搖撼政局之際，連續上陳宋仁宗的《乞分別邪正劄子》、《再論分別邪正劄子》、《三論分別邪正劄子》這三個奏摺。在《乞分別邪正劄子》中，蘇轍說，"昔聖人作《易》，內陽外陰，內君子外小人，則謂之"泰"；內陰外陽，內小人外君子，則謂之"否"。蓋小人不可使在朝廷，自古而然矣。但當置之於外，每加安存，使無失其所，不至忿恨無聊，謀害君子，則泰卦之本意出。"[16]《再論分別邪正劄子》就說得更直截了當："且君子小人勢同冰炭，同處必爭。一爭之後，小人必勝，君子必敗。何者，小人貪利忍恥，擊之難去。君子潔身重義，知道之不行，必先引退。故古語曰：'一薰一蕕，十年尚猶有臭。'蓋謂此矣。"正是在蘇轍君子小人之辨的道德威懾下，當時一些朝廷重臣如呂大防等人所持的"參用正邪"的調停說很快就失去了聲息。

---

16 《御史中丞論時事十二首》，蘇轍《欒城集》卷四十三。

王朔是個聰明人 ，他很敏銳地意識到了君子小人之辨在觀念上的影響、在現實中的異化，他的小說《頑主》就是通過對君子、小人對立結構的拆解，或者說是滑稽模仿，營造出讓某些人笑得打跌、卻也讓某些人笑不出來的反諷效果。小說中的那幾個頑主如于觀、楊重、馬青之流，個個玩世不恭，不務正業，最突出的特點是言語猥褻，什麼樣的人、什麼樣的話題他們都敢拿來調侃，"狎大人"也好，"侮聖人之言"也好，簡直就是小菜一碟，頗有點"怎麼都行"的後現代派頭，又是標準的無所忌憚的"小人"模樣。他們合夥搞了一家三 T 公司，說是要"替人解難替人解悶替人受過"。有個叫寶康的三流作家找上門來要于觀好歹讓他得個文學獎，一了多年心願，于觀就幫他設計了一個"三 T"獎，一切所需費用都由寶康自己掏，特等獎的獎品爲空調由寶康自己得，其餘各類爲不同檔次的"傻瓜"相機，又有個叫王明水的肛門科大夫因爲要給某領導急診而無法陪女朋友劉美萍逛街，三 T 公司就派了楊重代王明水前去約會，這就叫替人解難；一個漢子感到生活空虛，于觀就陪著他說東道西，胡扯瞎聊，這就叫替人解悶；一個年輕少婦由於受了丈夫的氣無處發洩，馬青就受命前往任她喝罵，臨了還得羞答答說一聲"我愛你"，以盡足假丈夫的本分，這就叫替人受過。

從通行的價值標準來看，這樣一個公司，這樣一類行徑，自然是荒唐無稽的，有點荒誕派的意味，于觀的老爸，一位退伍軍人，就斥責兒子搞了個"荒唐公司"，劉美萍就更直白地對替身男友楊重說，"你們都是什麼人？厚顏無恥的閒人"，相信這種質疑也代表了不少讀者的觀感。王朔的狡猾就在於，他首先把於觀之類頑主的無賴嘴臉暴露無疑，讓一些自作聰明的讀者輕易地判定，這是一批寡廉鮮恥、毫無道德感的“小人”。王朔還有意設計了幾位作正經事、說正經話的人物如王明水、趙堯舜之類來和頑主們作對照。王明水是一位醫生，說話斯文，幹的是治病救人的活計；趙堯舜似乎是一位政工幹部，外表儒雅，說話時大道理一套一套，幹的也是治病救人的活計，當然不是治療一般的疾病，而是專治心病，也就是以糾正不健康的觀念爲己任。當趙堯舜出場時，王朔這樣描述道，“寶康轉過身，喜洋洋地微笑著，他身邊站著一個面目和藹、文質彬彬的中年人。‘這位是趙堯舜，我的老師。”《論語》“雍也”篇說，“文質彬彬，然後君子”，而“致君堯舜上”又是儒家的政治理想、道德理想，王朔一方面以“文質彬彬”描摹趙堯舜的儀錶，一方面又給他按了“堯舜”這樣一個字型大小，很顯然，他是有意要讓人造成趙堯舜是一位當代儒者的印象，在後文中，王朔更是徑直以“儒者風度”來形容趙堯舜。這位趙老在和頑主們的周旋中，也的確擺出了循循善誘、有教無類的儒者姿態，他勉勵頑主們要承擔起推動人類不斷進步的責任，要多交知識廣博的朋友，多讀書，這樣才不會無所寄託。他還套近乎地對頑主們宣稱，“我不贊成管現在的年輕人叫‘垮掉的一代’的說法。”從以後的情節中可以看到，頑主們的確沒有“垮掉”，倒是趙老自己“垮掉”了：由於受不住頑主們的奚落，趙老躲到公用電話亭裏撥了幾個電話，逮誰就是一聲國罵，苦撐已久的君子面目登時掃地已盡。

　　頑主們之所以沒有垮掉，一方面是因爲他們根本就不信那些大道理，所以也就垮無可垮，另一方面是因爲他們不自覺地固守著很樸素的價值觀、道德觀，比如要講兄弟情義，不能始亂終棄之類。趙堯舜之所以最後會“垮掉”，是因爲他其實也並不是虔誠地相信那些大道理，自己也很苦悶、空虛，卻又要裝出一副虔信、自足的模樣。作為一名由於戴了多年面具、以致真面目和假面具已差不多難分彼此的偽君子，卻撞上了一夥不和他玩虛玩假的真小人，於是顏面盡失、原形畢露，這正是趙堯舜的不幸。另一個外表看來頗正經的角色肛門科大夫王明水最後也是暴露出了本來面目，他對女友劉美萍始亂終棄，卻又要三 T 公司幫他擺平，於觀問他有沒有和劉美萍發生過"橫的關係"，王明水回答說，"我不能騙您，我不能說沒有，希望沒和您的道德觀發生衝突。其實這不重要不礙事很流行她不會在乎這點的她是個好姑娘只知奉獻不知索取……"十足一副無賴嘴臉，這才是真正的寡廉鮮恥，相較之下，言語猥褻、好調侃人的頑主們倒是一批觀念蠻傳統、心地蠻善良的"好人"，只有幼稚如小說配角林蓓那樣的讀者，才會把他們看成是"壞蛋"。王明水最可惡的地方在於，他自己自私自利，卻要求別人無私奉獻，他自己幹著不道德的勾當，卻指望別人以善良、無私的美德原諒他、縱容他，這種把道德片面化、工具化、權謀化的意向與行徑，才是一切道德理想的真正敵人，也是偽善與道德異化的根源。從這個意義上說，王明水這個人物雖然並不起眼，卻足可以小喻大。在《頑主》續篇《一點正經沒有》中，王朔借人物之口說，"仔細想啊，要不號召大家奉獻，讓自個甘吃虧蔚然成風，我怎麼佔便宜？"看似無厘頭，卻道破了王明水之流的心態，也道破了一個道德蒙昧時代的本質。王朔的深刻也正在於此。

　　《論語》"衛靈公"篇記載了這樣一則對話，"子貢問曰：'有一言而可以終身行之者乎？'子曰：'其恕乎！己所不欲，勿施於人。'"杜維明教授把"己所不欲，勿施於人"的原則等同於康德的人道原則，即把人當人看，也就是要"仁者愛人"，要推己及人，重視惻隱之心和同情。他進而認爲，儒家的恕道、仁道和基督教的仁慈、博愛有異曲同工之妙，形成了普世倫理的基本原則。[17]如果單從理論上看待孔子的恕道以及杜維明試圖將此原則普世化的用心，我們似乎覺不出有何高深之處。"己所不欲，勿施於人"不就是一句很普通的人生格言，無非是要人像對待自己一樣對待別人？可是，當我們以王朔的小說敘事爲參照，當我們讀懂了王朔對一個道德蒙昧時代的深刻揭示，也許就會恍然大悟，原來孔子的"恕道"看似平易，卻是很難達到的境界，同時也是化性起僞的精神利器和普世倫理的建構基點。看來，王朔這個有著很強的反道德衝動並且對儒者風範極盡反諷之能事的敘事者，卻堪稱孔子的異代知己，他的以《頑主》爲代表的一系列解倫理敘事，雖然將正統的、主流的道德觀念體系衝撞得七零八落，卻有著不容低估的道德價值。他真是一個聰明的敘事者，看穿、戳穿了很多東西，比如趙堯舜、王明水之流的假面具。這也是一種"啓蒙"，並且是最生動、最有效的"啓蒙"！讓那些愚蠢的所謂好人覺悟一下，別人是在坑你呢，所以在行善的時候，在接受道德教化的時候，要多動動腦子，多做點康德意義上的獨立思考。西方美德倫理學的創始人亞里斯多德早就提出了好人不可能是蠢人的觀點，原始儒學也主張仁智並重。王朔對一個道德蒙昧時代的文學見證的突出意義正在於，它讓善良的人們學聰明一點，不要被假像所蒙蔽。

---

17 杜維明《人文精神與全球倫理》，《中國事務》，2002 年 1 月。

第五章 解構與建構：一種 "中間態" 的倫理敘事

第一節 《連環套》：在霍布斯叢林和 儒家倫理秩序之間

小說《連環套》（劉恒）的主人公陳金標是華北山村一個小煤窰的窰主。由於經營有方，囊中頗豐，又時有豪舉，如某年開窰時節，為手下窰工整割了半扇牛肉，也便成了貧窮鄉野的一位名人。俗話說，人怕出名豬怕壯。陳金標在招人艷羨的同時，也就很自然地成了招人嫉恨、招人算計的角色。用小說敘事者的話說，這真是"古來難易的世道"。

算計著從陳金標這塊肥肉上揩點油的"兩條腿的同類"中，除了五鎮十六村的商客、鄉政府的安檢幹事、鄉裏鄉親之外，自然少不了他的各路親戚。陳金標是一個善於拿捏分寸的守財奴，不得不掏錢的時候從不手軟，比如給負責煤窰安全生產的安檢幹事塞個紅包，給自己的老父親盤一群羊養老，但在可以不掏錢的時候他就儘量不掏，他像保衛自己的性命一樣守護著自己的錢財，要想揩他的油也絕非易事。但人事變幻，也非陳金標所能掌控。臨近年關的時候，他的清涼澗小窯上那個幹技術活因而也是薪酬最高的炮工在領到"炮工證"後跳了槽，這使他一時間陷入了年後無法開窯的困境。早就虎視眈眈的姑夫與岳父便乘機分兩路向他包抄過來，並與正月初三那天會師於他的新宅，各有所圖地對他發起了親情攻勢，勢成夾擊，又彼此牽制。陳金標家的小小廳堂，"恰似重聚了魏蜀吳"。

"蜀"與"吳"攜來了各自的兒子段興來、李三更，祭出比親情厚薄、比家境好壞等招數，試圖要脅孤立的"魏"割讓炮工之位於其子。"魏"於酒席上逞其口舌之利，力敵"蜀"與"吳"，終架不住腹背受敵的圍攻，被迫俯首稱臣，清涼澗小窯空缺的炮工之位便同時插上了段興來、李三更的旗號，"蜀"與"吳"的短暫同盟關係也由此瓦解，段、李對峙將演繹一出更爲慘酷的生死決鬥。

簡言之，在炮工一職的爭奪戰中，陳金標敗在了姑夫與岳父的親情攻勢的夾擊之下。這種失敗恰恰顯明瞭陳金標的倫理身位。他有父親，父親有妹妹，所以他就迴避不了姑夫的情面。他要娶老婆，老婆有娘家，所以他也迴避不了岳父的情面。姑夫的親情是一個套，岳父的親情也是一個套，兩者纏繞就構成了一個親情的"連環套"。除非陳金標徹底拒斥他的倫理身位給予他的倫理約束，否則，他就很難跳出親情的"連環套"。如小說所述，陳金標雖然守財嚴，私心重，有時不顧親情，如開煤窯發財致富後就和哥哥陳金達分了家，還把老父親甩給了哥哥，但他畢竟是一個"文明人"，所以他最後敗在親情攻勢的夾擊下，也是理有固然了。

從小說隨後的敘事可以看到，陳金標在這一場攻防較量中的

敗北只是其更大災難的開端。正月十五那天，也就是清涼澗小窯
開窯後的第八天，陳金標有意安排的段、李兩位炮工的持久對立
終於釀成了慘禍，一場意外的爆炸中，李三更被炸得身首異處，
他的競爭對手則被炸殘了腿和臉。圍觀的村民們"沒想到老天爺
會在正月十五點這麼一出戲"，事主陳金標的內心則淒厲地迴蕩
著一個聲音"完啦！完啦！完啦！"。他不得不面對死亡的慘
景，崩毀的窯場，事故的罰款，刑事的追究，以及姑家和岳家兩
方的聲討和索賠，箍在他脖子上的連環套因為這宗橫禍而收緊，
死死扼住了他的咽喉，他能不能從中逃脫而重獲新生，還真是未
知之數。

　　就在出事的當晚，姑家與岳家的兩路討伐大軍趕到了大柳
峪，分別駐紮在陳金標的老屋和新宅。岳家由於死了人，來勢尤
為兇猛，敘事者這樣描寫道：

> "拖拉機在離窯主幾步遠的地方停下，演習的大兵一樣躍
> 下了幾位精後生，是李三更的幾個叔伯表親，再一個跳下
> 的是三更的親哥，三秀的大弟，在養路隊做著臨時工的李
> 三湣。個個都腫著眼，……。他們認清了候在車前的人，
> 都無語無聲，一片手聚上車廂顫著移著將個佛胎般的東西
> 抬了下來。不撒手，就這麼捧著。窯主已看清了瓷著兩隻
> 老眼的岳父，……，那大變如骷髏的面目陰沉沉地冒著黑
> 氣，……。"

真所謂"此時無聲勝有聲"，那沉默中潛伏著的殺氣更足令
人窒息，陳金標絕望地感到自己"無路可躥也無力可躥了"。但
經過一夜不眠的盤算後，陳金標在翌日採取了"先發制人"的步
驟。他把兩路親戚邀到新宅，商討善後事宜。陳金標家的小小廳

堂，再度"重聚了魏蜀吳"。"魏"首先亮出了底牌：死者賠五千，傷者賠四千。"蜀"與"吳"都有一本自己的帳目，如死了人的一方暗設了"三萬"的底價。他們對"魏"亮出的底牌起了同仇敵愾之心，一場口舌上的殺伐便不可避免地爆發了。員警的出現打斷了這場索賠的攻防較量，窯主陳金標因煤窯的傷亡事故和違法雇傭"炮工"而被請進了拘留所，這突如其來的法律行為反而把孤立無援的"魏"從不知如何收場的親戚間的紛爭中暫時"救了出來"。但"蜀"與"吳"豈肯善罷甘休，小說最後在陳金標取保獲釋後目擊兩路親戚及大柳峪的村民 —— 這些"兩條腿的同類" —— 哄搶清涼澗小窯的情節中奏響尾聲。

從以上的"劇情"說明可以看到，陳金標窯上炮工"跳槽"一事是整出戲的引子，由此引發的連環相接的三幕戲 —— 對炮工一職的爭奪，煤窯的爆炸事故及索賠的攻防較量 —— 構成了故事的主線與核心情節。按照弗雷塔格就敘事或戲劇作品所總結的結構圖式，對炮工一職的爭奪可以說是"情節上升"階段凸顯複雜人倫關係的標誌性事件，煤窯的爆炸事故則是敘事的"高潮"，隨之而來的索賠的攻防較量則是"情節下降"階段走向問題"解決"的標誌性事件。由於敘事者在敘述這三個事件時，對複雜的人倫關係有精細的描摹，並具有很濃烈的場景感和油畫效果，因此，閱讀這篇小說就像是在觀看一部四幕話劇（加上"哄搶清涼澗小窯"事件）。另外可以看到，除了"三國演義"式的人倫糾紛這條主線之外，在小說敘事中還忽隱忽現著陳金標與其長兄陳金達的分家糾葛這一條輔線。陳金達在索賠攻防戰中明助其弟、暗渡陳倉的謀劃，使其成了陳金標在事故善後過程中所需面對的"重重獵手"之一。顯然，主線和輔線的交織既強化了陳金標所置身的倫理處境的複雜性，也增大了敘事的複雜性。換言之，箍在小說主人公脖子上的親情的連環套至少有姑夫 —— 岳父 —— 兄長這三重，而敘事的連環扭結也不僅是橫向的由此及彼，也有縱向的呼應。至於親情的連環套背後的利己與利他的內在衝突，血親和姻親框架內的倫理身位及相應的德性訴求，以及人倫糾葛和連環敘事究竟如何相互作用，則留待下文展開論述。

一、《連環套》的倫理內涵及複合式倫理－敘事模式

　　用敘事者的話來說，《連環套》主人公、華北山村某小煤窰窰主陳金標是一個"少親""寡親"的人，但他在關於"炮工"之位的糾紛中卻因招架不住親情的夾擊，違規接納了妻弟李三更和表弟段興來，一場窰毀人亡的慘劇也接踵而來。"寡親"而又"惕於親情"的矛盾，恰恰說明既有倫理秩序和德性訴求對包括陳金標在內的所有個體的約束力。倫理秩序的結構特徵是根據每一個體在不同層次的社會關係中的身位元確立相應的善惡標準以維繫人類社會的穩定運行，比如儒家倫理所崇尚的"孝親"，"忠君"，"信友"之類。陳金標所謂"人與畜只隔了一層窗戶紙，從那邊到這邊善惡有矩"云云，表明他深通人畜之隔在於有無倫理秩序。

　　從小說敘事所透露的資訊可以看出，陳金標雖然是一個 20 世紀 80 年代的鄉鎮小業主，但制約著他的日常行為和思維的仍然是傳統儒家式的倫理秩序，具體到血親或姻親關係層面，也就是諸如"親親"、"孝親"、"敬長"等古老的德性訴求。比如，敘事者身現評論說："窰主還沒有到自問眼前者誰的地步，他保留著晚輩的憐惜和不滅的孝。"顯然。"晚輩的憐惜"也就是一

種“敬長”的情感，它和“孝親”德性一起，構成了傳統儒家倫理的核心精神。敘事者顯然意識到傳統儒家倫理雖然歷經衝擊，幾經變革，但在民間社會，以親親情感與血緣關係爲依託的德之大本卻並未動搖，因此才有“不滅的孝”這一倫理表述。如前所述，陳金標之所以敗在姑夫和岳父的夾擊之下，是因爲跳不出“親親”和“敬長”禮則共同編織的“連環套”。從中國人的行爲和思維模式一貫所受的倫理規約來看，這一親情的“連環套”可以說是傳統儒家式倫理秩序的象徵。

不過，既有倫理秩序和德性訴求對個體的約束往往經不住動物性自私本能的衝擊，因此，人變爲畜也只是一念之差。陳金標關於人畜之隔的後半截看法是：“從這邊躥到那邊就黑白不分地咬到一塌糊塗爲止”。他還玩世不恭地補注道：“不獨今日這般，此乃古來難移的世道啦！都說世道一夕一變臉兒，變是變，不過是將鼻樑兒上的白移到眼皮上去，萬年不死的一個丑角演著萬年不絕的一出老戲罷了！”從小說中各路親戚爭奪炮工一職的劇烈程度，以及索賠不成哄搶清涼澗小窯的情節來看，人與人的利益紛爭真有不“咬到一塌糊塗”絕不甘休的架勢。敘事者在演繹故事時的一些描述如“不是親戚對著親戚，而是這山狼逢了那山狼”、“當初爲九塊錢一個炮工位子鬥得昏天暗地，人牙都變了狗牙”等，都可以說是在和人物的觀點相唱和。

如果說，“萬年不絕的一出老戲”就是人與人之間牲畜般的利益角逐，那“萬年不死的一個丑角”自然就是利，或人的利己本性。而以“不滅的孝”爲象徵的利他訴求（如“親情”）與不滅的利己本性之間的內在衝突，是隱藏在親情的連環套背後的更爲深刻的矛盾。它們的相互交織構成了一個更具普遍性的倫理連環套。

在一些人物形象好壞分明的的文藝作品中，壞人似乎永遠只受利己本性的驅動，好人則要麼只有利他意識，所謂"大公無私"，要麼在利他意識與利己本性的較量中徹底摒棄了私心。新寫實小說的"新"我以為也體現對人性的真實狀況的"還原"。在這一類型的小說中，沒有絕對的好人，也沒有絕對的壞人，每一個角色都有利己本性，也受到利他訴求的制約，並常常陷在兩者的糾葛之中。劉震雲在新寫實小說《新兵連》中刻畫的眾生相如"元首"、"老肥"、王滴、李上進、包括作為敘事者的"班副"等等，都是一些有私心也不乏同情心的普通人，敘事者只是客觀描述了這些人為私利而明爭暗鬥、因同情心而相互體諒的種種情狀，最後並沒有交待他們是否克服了私心而成長為堅定的革命戰士。

倫理學研究表明，一般人都兼有利己本性和利他動機。利他動機源自人類的同情心理和情感，類似於孟子所謂"仁之四端"之一的"惻隱之心"。按照進化論倫理學家斯賓塞的看法，以利他動機為心理形態的"利他主義"本乎自然本能，又在社會化的過程中得到發展。[1]這就意味著，人心中的利他動機是本能與教化合力作用的結果，利他行為的自覺程度因而可以說是一個社會文明程度的尺規。而作為利他主義對立面的利己主義同樣也本乎自然本能，控制或消除人的利己本性從而避免個人利益衝突造成的生活悲劇和社會動盪，是各種倫理秩序的建構者的基本目標，所以美國倫理學者梯利才有"道德是個人利益衝突的產物"這一論

---

1 參閱萬俊人《現代西方倫理學史，北京大學出版社，1990，頁 P120-128。

斷。[2]由此推論，一個生活在倫理秩序中的人，就算其利己本性基本遮蔽了其利他動機，但他還是會多少受到作爲道德要求的利他訴求的約束。

《連環套》的主人公陳金標是個"寡親""少親"的人，也就是一個利他動機相當淡薄的人。他還有一套模模糊糊的利己主義人生哲學，歸結起來有兩點，其一，人人都有私心，比如他有這樣的聯想，"天景之外的別一處是完全不同的世界，那裏的人也都頂著一顆人頭，拖著一條人腿，難道他們會醞釀和策劃些完全不同的心機麼？誰也沒長一顆狗心，彼此彼此罷哩！"其二，人人都只能對自己負責，比如他有這樣的心理表白，"他有自己的大事要做，不能讓一顆不大的心去負擔它理應去擔卻常常擔不起來的多餘的重量。每人都有一顆心，還是自己擔自己的吧。"不過，陳金標雖然"寡親""少親"，利己意識濃厚，但對血親和姻親層面的利他訴求還是有所顧忌。也正是因爲這層顧忌，他才會有"說親""贊親"的門面功夫，也才會有利己之心與利他之念的內在衝突。他最終做出了讓步。但就是這一讓步，差點帶給他滅頂之災。

敘事者對此評價說：

> "他惕於親情，也毀於親情，用區區六塊小錢把小舅子給釣死了，而死者含了餌下沉，正把他一步一步地拖下去。"

陳金標"惕於親情"這一點在敘事中有生動淋漓的呈現，但從故事的結局來看，他真是"毀於親情"，或如他自己所說的那樣"吃了積德行善的虧了"嗎？如果真是這樣，這部小說不就成了以表現"善"有"惡"報爲價值取向的反倫理敘事了嗎？

---

2 [美]梯利著、何意譯《倫理學導論》，廣西師大出版社，2002，頁 176。

　　我以爲，問題沒有那麼簡單。如前所述，陳金標確實因爲招架不住兩路親情的夾擊才同時接納表弟、妻弟做炮工。但他不是沒有保留的。他的心裏自有一番算計。他先是在工錢上做文章。本來，炮工的日薪是九塊，但他以窯上一向只用一個炮工爲由，把表弟、妻弟的日薪很有策略地壓到高於四塊五的六塊。這樣一來，自己吃虧的程度減輕了許多，還能堵住那些指責他 "不識親" 的人的嘴。這還不夠，他還有意用 "早晚得挑一個（留在窯上）" 的警示離間兩位親戚，激起他們的爭鬥意識，這一招有一石雙鳥之效，既可避免他們仗著親戚關係在窯上偷懶，又爲日後的解雇準備好了藉口。很顯然，陳金標的這一番算計都是利己本性在作祟，也確實收到了預期的效果。然而，由他一手挑起的表弟與妻弟的長期對峙和爭鬥卻最終釀成了窯毀人亡的慘禍，並把拖入了難以自拔的泥潭。這就意味著，陳金標的災難性結局不僅僅是因 "惕於親情" 所致，也是因私心過重所致。換言之，陳金標並不是 "毀於親情"，而是毀於親情和私心的連環套。因此，關於 "寡親" 而又 "惕於親情" 的陳金標的敘事就不是一個 "善" 有 "惡" 報式的反倫理敘事，而仍然包含著 "惡有惡報" 的道德寓意。從倫理 ── 敘事的角度來看，小說《連環套》所提供的是一種介乎反倫理敘事和傳統道德寓言之間的複合式敘事模式，也即是一種介乎解構與建構之間的 "中間態" 倫理敘事。

二、倫理 ── 敘事的互動關係

　　前文分別對小說《連環套》所關涉的倫理問題 ── 利己（私心）和利他（親情）之爭作了分析，並揭示了小說主人公陷於親情和私心的連環套而難以自拔的生存境遇，及該小說的複合式倫

理 —— 敘事模式。本節將著重考察倫理與敘事的互動關係，以凸顯倫理 —— 敘事研究模式所呈示的新思維或新視角。

筆者擬從幾個假設入手：1）假設小說主人公陳金標是一個徹底拒斥他的倫理身位賦予他的倫理約束、並僅受利己本性驅動的個體，小說敘事會出現什麼樣的變化？2）假設他是一個毫無私心、只重親情的個體，小說敘事又會出現什麼樣的變化？3）假設他的私心沒那麼重，並在親情與私心的內在衝突中壓制了私心，小說敘事又會出現什麼樣的變化？

如果假設 1 成立，小說根本就無法展開。因為，僅受利己本性驅動的小說主人公根本就不會顧忌 "親親"、"敬長" 等利他訴求，也就不可能敗在姑夫與岳父以上凌下式的親情攻勢的夾擊下，這樣一來，小說敘事所著力表現的 "三國演義" 式的人倫糾紛在炮工一職的攻防較量之後就該以兩路親戚鎩羽而歸而落幕了，接下來的爆炸事故及索賠的攻防較量這兩幕大戲根本就沒有上演的機會。換言之，徹底拒斥倫理約束的小說主人公不可能陷入倫理糾葛或倫理連環套之中，而以倫理糾葛為驅動機制的連環敘事也就在情節上升階段就不得不中斷了。如果要使小說敘事繼續下去，就必須在情節設置上進行調整，比如，在炮工一職的攻防較量中，姑夫與岳父不是通過比親情厚薄等招術，而是以利誘或威脅的方式迫使主人公就範，或者，在利誘或威脅宣告無效後，兩路親戚不甘心失敗，用各種手段繼續向主人公施壓，甚至幹出往煤窯裏扔炸藥以洩憤的違法之舉。但這樣一來，原小說就蛻變為叢林爭鬥式的通俗故事，或者成了一部勸諭人們屏除私心、友愛互助的傳統道德寓言了，其敘事關節的複雜性和倫理內涵的深刻性也就因複合式倫理 —— 敘事模式的瓦解而被弱化了。

　　如果假設 2 成立，小說主人公自然會毫不猶豫地接納兩位親戚做炮工，對炮工一職的攻防較量也就不存在了，最多姑夫與岳父之間還有一番角力，但在此情形下，“三國演義”式的人倫糾紛也就簡化爲“楚漢爭霸”了。接下來的爆炸事故仍然可能發生，但原因就不再象原小說中那麼撲朔迷離了。它可能只是一次因鹵莽而造成的安全事故，而不會牽扯到由主人公挑起的兩位炮工的對峙和爭鬥。爆炸事故後當然會有索賠，但由於主人公毫無私心，一切也就簡單化了，也無所謂賠多賠少的攻防較量了。在這樣一種敘事中，戲劇衝突的重心可能就轉到了徇私情（任用沒有“炮工證”的親戚做炮工）與守法之間的矛盾，原小說也就演變成了一部反映鄉民法律意識淡薄的法律宣傳片了，並簡化爲如果不遵守法律，行“善”就會帶來“惡”報的單一化倫理 —— 敘事。

　　再來看看假設 3。如果這一假設成立，“三國演義”式的人倫糾紛還會存在，對炮工一職的攻防較量雖不如原小說驚心動魄，但仍然會很激烈。由於小說主人公最後在親情與私心的內在衝突中壓制了私心，他在接納兩位親戚做炮工的同時，也就不會刻意製造他們之間的敵對情緒，爆炸事故的性質也就可能和假設 2 一樣，只是一次安全事故罷了。在接下來的索賠事件中，自然也會有一番較量，但其衝突程度肯定要低得多，兩路親戚因爲索陪不成而“哄搶清涼潤小窯”的情節也可能不會出現。很顯然，以假設 3 爲依據的敘事在情節安排上與原小說最接近，但戲劇性衝突的程度有所減輕，其敘事模式則類似以假設 2 爲依據的單一化倫理 —— 敘事，只是所牽涉的人倫糾紛更複雜一些。

　　通過對以上三種假設的考察可以看到，小說主人公的倫理意識或道德取向會對小說敘事產生重大影響。如果小說主人公的倫理意識或道德取向發生改變，小說敘事模式也就隨之發生改變。比如，關於“寡親”而又“惕於親情”的陳金標的敘事（原小說），關於僅受利己本性驅動的陳金標的敘事（假設 1），關於毫無私心的陳金標的敘事（假設 2），關於親情意識常能戰勝私心的陳金標的敘事（假設 3），就是四種在情節設置、結局安排、人物關係刻劃及倫理內涵等方面存在著或多或少差異的不同敘事模式，其中第一種是介乎反倫理敘事和傳統道德寓言之間的複合式倫理 —— 敘事，第二種是惡有惡報式的傳統道德寓言，後二種可以統稱爲現代性道德寓言（其題旨是：行“善”不守法就會有“惡”報）。我以爲，敘事者一但設定了小說主人公的倫理意識或道德取向，他就很難打破以後者爲主導因素之一的敘事慣性，如果主人公的道德取向比較曖昧，小說敘事也就往往會因此而複雜化，如原小說和假設 3，如果主人公的道德取向比較單純，小說敘事也就往往會因此而簡單化，如假設 1 和假設 2。以還原人性真實狀況爲特徵的新寫實小說之所以比“十七年”和“文革”期間的一些習慣把主人公“高大全”化的小說更具小說藝術的魅力，一個重要原因就是新寫實小說家沒有把主人公的道德取向簡單化，這就不但避免了人物形象的“扁平”化，也使敘事趨向豐滿。

　　質言之，敘事者受倫理導向的敘事慣性的制約，也就是被倫理敘事。這一有趣的情形可以說是在倫理 —— 敘事的層面印證了敘事者同時也是被敘事者的敘事學原理。此外，由於敘事者和小說人物分別是嵌陷在現實世界或小說世界的倫理秩序中的“套中人”，因此，敘事者被倫理敘事這一情形也體現在他的倫理意識或道德取向對敘事的影響或干預上。從小說《連環套》中就可以看清這一點。很顯然，《連環套》的敘事者是一個隱身敘事者，他一般只是對人物的道德取向和內心衝突作"零度敘事"式的客觀描述，而很少進行價值評判，但他有時也會現身做評論或指點。比如他對"孝"這一傳統美德範疇的評價（"有些道理不可深論，點透了就非常沒有趣味了"），對主人公的道德狀況的評價（"保留著晚輩的憐惜和不滅的孝"；"說親少親贅親寡親"），及對主人公命運的評價（"惕於親情，也毀於親情"）。又如，他對主人公的兄長在窯上出事後的神情做了這樣的描述："那惶惶不安和憂鬱的神色與往日的冷淡和矜持是大不一樣了：似乎是受不住了親情的牽扯，不由自主地為親弟弟懸了一顆擔憂的心"，又這樣描述弟弟在兄長一番安慰和勸說後的反應："窯主唏噓著像是非常感動"。請注意這裏的"似乎"和"像是"這兩個詞，它們具有明顯的指點干預的功能，意在提醒讀者，無論是兄長的憂心和弟弟的感動都並不完全可信，前者可能別有所圖（這一點在後來的敘事中得到了印證），後者可能壓根就是在逢場作戲。從這些敘事者的評論干預和指點干預中可以看到，敘事者對傳統倫理秩序及相應的美德訴求的合理性依據有所懷疑，對"善有善報"的道德說教也有些不以為然，對兄弟間的親情的純潔性也持保留態度，但他顯然對傳統倫理秩序及道德評判尺度也有相當的認同，否則他就不會對主人公作出"少親""寡親"的貶義評價，也不會有"晚輩的憐惜和不滅的孝"這類道德色彩甚濃的表述了。敘事者這種具有反思性的道德認知無疑使他能夠避免將人倫糾紛簡化為正邪之爭，避免對人物形象進行善惡截然分明的描摹，避免簡單化地設置主人公的道德取向，並在敘事語言上避免過於明顯的褒貶色彩。在談到張愛玲的倫理敘事章節中，筆者曾將藝術作品的倫理內涵與藝術表現水準的關聯性極端化地表述爲"藝術的淺薄，就是倫理的淺薄"，小說《連環套》可以說是提供了一個很好的反證。

如前所述，在敘事者所提供的倫理環境中，傳統儒家式的倫理秩序仍然發揮著主導作用，身處 20 世紀 80 年代中國山村的主人公仍然受到"親親"、"孝親"、"敬長"等古老德性訴求的制約，但他作爲私營企業小業主的身份，他的個人奮鬥精神，則使讀者嗅到了"改革開放"以來的時代氣息，他那套自己爲自己負責的模模糊糊的利己主義或個人主義哲學，以及他對"孝親"訴求的合理性依據的隱約懷疑，又使讀者感受到倫理轉型時期倫理失序和趨向重建的跡象。與此相應，敘事者的道德認知也具有倫理轉型時期的明顯特徵，他在對傳統德性的合理性依據的懷疑上，與他所描述的主人公堪稱同調，而他對"寡親"且嗜財如命的主人公並無刻意的醜化和強烈的褒貶，即體現了新寫實小說"還原現實"的敘事策略，也表明他的道德感和價值觀尚處在動盪未定的狀態中，這大約也是當代中國人在道德狀況上的一個普遍特徵。

概而言之，《連環套》這一敘事文本及其互涉文本顯示了倫理轉型期的某些特徵，爲客觀描述和評價 20 世紀 80 年代初以來中國社會的倫理環境提供了頗具參考價值的個案，而敘事者通過"寫實"化的文學敘事所呈現出的對人性複雜性、道德取向複雜性的認知，也爲致力於重建倫理秩序的倫理學者提供了認識論層面的重要依據。具體而言，在倫理重建的思考中，應充分意識到利己本性的內在驅動作用，而不能過於理想化乃至宗教化地設立道德標準（如"大公無私"、"存天理，滅人欲"等或其翻版），也應充分意識到傳統倫理秩序所強化的利他訴求如"孝親"、"親親"、"敬長"等對個體行為的制約作用及其蛻變為利益角逐的面具的可能性（如陳金標的親戚們以"親情"逼迫陳金標就範），在此基礎上吸納西方的相關倫理資源，將有可能催生一種在"個人主義"與"社群主義"之間、在傳統與現代性之間取得平衡的富有生命力的倫理秩序。

三、讀者參與和猜謎遊戲

接受美學強調審美活動中的讀者參與，參與的方式有多種，比如，把敘事文本看成一個謎面，在閱讀的過程中推斷敘事者為何這樣敘事、揣測敘事者將如何敘事，並在破解敘事之謎的同時判斷敘事者編織謎面的手法是否高明。以這樣的方式參與審美活動，被動的閱讀就變成了一次非常有趣的猜謎遊戲。

"猜謎"有"猜謎"的門道。如果僅僅聽從於預感，就會使猜謎遊戲的樂趣大打折扣，也無法深入把握敘事藝術的奧妙。本文對倫理 —— 敘事互動關係的探討就為讀者破解敘事之謎提供了有效的思路。總結前文關於倫理意識如何作用於文學敘事的論述，有以下三個要點：1）小說主人公的倫理意識或道德取向會對小說敘事產生重大影響，如果小說主人公的倫理意識或道德取向發生改變，小說敘事模式也就隨之發生改變；2）敘事者很難打破以小說主人公的倫理意識或道德取向為主導因素之一的敘事慣性，如果主人公的道德取向比較曖昧，小說敘事也就往往會因此而複雜化；3）敘事者被倫理敘事這一情形也體現在他的倫理意識或道德取向對敘事的影響或干預上。

　　讀者可以憑藉上述思路，在閱讀過程中進行預測或猜想。根據思路 1，讀者不妨先確認一下小說主人公的倫理意識或道德取向，比如，他是一個"寡親"而"惕於親情"的人（如陳金標），還是一個六親不認的人，如果是前者，讀者可以推斷他會因為道德取向上的複雜性陷入兩難選擇，敘事者也肯定會拿這一點大做文章，情節的"展開"、"複雜化"都將與此相關，高潮的出現及一系列難以操控的結果也或多或少導源於此，只要回顧一下《連環套》的敘事進程，以上推斷就可以得到印證，再以米蘭·昆得拉《生命中不能承受之輕》為例，讀者大可依據湯瑪斯在"身體倫理"與"美德倫理"之間的遊移不定來推斷他和特麗莎（精神之戀的化身）、薩賓娜（欲望的化身）的三角關係將是一種複雜的情愛糾葛，而湯瑪斯在情節發展過程中向"美德倫理"的逐漸趨近，又足以令讀者對他的最終歸屬作出合理預測；如果小說主人公是一個六親不認、絕不顧忌親情的人，兩難選擇也就不存在了，讀者可以推斷小說主人公在面臨親情攻勢時，僅做利益的權衡，而不會有道德上的顧慮，敘事進程也就很可能最終滑入"惡有惡報"式的傳統道德寓言的軌道。

　　根據思路 2，讀者不妨考察一下敘事者打破敘事慣性的能力，如果敘事者能夠突破小說主人公單一的道德取向可能導致的簡單化敘事模式，如六親不認的人事事損人利己且終有惡報，那就證明敘事者編織謎面的手法不落俗套，儘管他可能對人性的複雜性及道德取向的複雜性缺乏認識，從這個意義上說，倫理的淺薄雖然往往會導致藝術的淺薄，但敘事者高超的敘事能力卻又能在一定程度上補救倫理意識的膚淺，這就好比同樣是老套的道德說教，但在敘事藝術上卻有高下之分。

　　根據思路 3，讀者應當首先將敘事者與小說主人公的倫理意識區分開來，並注意考察兩者在敘事中的對抗、反襯、呼應等微妙的互動關係。在《連環套》中，敘事者多處和主人公的道德認知相呼應，同時也對主人公親情意識的淡薄作了貶義評價，這就顯示出敘事者與小說主人公在倫理意識上的裂隙，讀者可以由此窺見隱身敘事者的身影，體會到敘事的層次感，也可以由此推斷敘事者可能會對主人公的結局做怎樣的安排：既然敘事者對主人公有貶義評價，其結局多半不妙。除了敘事者和主人公的倫理裂隙之外，作者和敘事者也存在著倫理裂隙，如《連環套》作者劉恒與他所創造的第三人稱敘事者在道德感的強弱程度上就有差別。讀者在敘事文本及互涉文本中考察作者、敘事者、主人公（人物）層層裂隙，就如同偵探在尋找和檢視案件的蛛絲馬跡一般，將極大增強猜謎式閱讀的樂趣。此外，由於敘事者的倫理幹預體現在現身評論及指點兩個方面，讀者也應當在關注敘事者對人物所作褒貶評價的同時，特別留意敘事者在一些微妙的措辭中所體現出的指點意向，如《連環套》中的"似乎"和"像是"這兩個詞。自二十世紀初以來，西方小說的一個重要趨向就是避免敘事者幹預，當代中國的一些小說流派如"新寫實小說"、"實驗小說"等也都有意識地向這一標準靠近，但根據筆者的觀察，直接表明敘事者立場的評論干預在這類追求客觀敘事、冷漠敘事的作品中固然大大減少以至絕跡了，但比較隱晦的指點干預卻依然存在，而且估計也無法徹底消除，而漏網之魚式的指點干預，反而會給讀者帶來忽然發現破案線索般的意外驚喜。

　　再從文化生產的角度來看，由於小說、戲劇、電影等各類文藝作品的創造或製作大多都是以進入讀者市場為預期的，而不是自娛自樂的私人性審美活動，因此，除了那些毫不考慮社會影響的特立獨行者之外，一般的作家、藝術家大約都會對其所處時代的主流道德觀有所顧忌，因此，多數帶有倫理反思意識或非道德傾向的藝術文本（含敘事文本）在結局處往往會向主流道德觀回落。在這樣的背景下，讀者、觀眾也完全可以依據時代的道德狀況對藝術文本的內在軌跡進行預測。這也可以說是爲破譯敘事之謎提供了一種思路。

總之，倫理 —— 敘事的互動關係爲研究者解析敘事文本提供了一種新視角，也爲讀者的猜謎遊戲提供了一種新思路。它誠然不是敘事藝術的全部，但以它爲著眼點的分析視角和猜謎思路卻足以豐富敘事學和接受美學的理論框架。

第二節　《昨天》：血緣威權的黃昏與父子之倫的重構

從《愛情麻辣燙》、《洗澡》到《昨天》，當代中國導演張揚以他慣有的溫情脈脈的目光逐一打量了從初戀到黃昏戀的情愛軌跡，鰥夫老劉和兩個兒子（其一爲智障兒）的生活故事，及吸毒者與其父母的倫常糾葛。可以看出，張揚的關注視野基本沒有超出婚姻家庭的範疇，其敘事手法也基本未突破都市溫情片的風格類型。

不過，張揚在審視婚姻家庭問題時的視線，卻明顯呈現出漸趨邊緣化的傾向：《愛情麻辣燙》中的五組婚戀故事演繹的均是"正常人"的悲歡離合，《洗澡》中安排了一個智障兒作爲配角，

《昨天》則更進一步地以吸毒者賈宏生作為主角。這無疑意味著，張揚已不滿足於通過敘述"正常人"的婚姻家庭故事來展現"時代的精神狀況"，而是希望借助對"邊緣人"生存狀況的揭示，更尖銳地凸顯婚姻家庭生活中所存在的矛盾和衝突。在《昨天》一片中，家庭倫理衝突通過賈宏生搧其父耳光這一驚世駭俗的"弒父"情節被推演到了極致。

自從法國思想家福柯（Michel Foucault）以其極具顛覆性的思考對理性與癲狂的界限予以重新定位之後，關於癲狂者及其它"邊緣人"如同性戀者、吸毒者等的深度審視，便成了西方理論界的一大熱點。[3]也許有人因而會猜測張揚對"邊緣人"生存狀態的關注是在走所謂"國際化路線"，以期贏得西方評委和西方觀眾的青睞。且不論此種臆測是否有武斷之嫌，可以確認的一點是，無論是從反思理性主義傳統的角度出發傾聽癲狂者的話語，還是從揭示"滲入我們這一代人血液裏的東西"[4]的角度出發還原吸毒者的"心靈史"如影片《昨天》，都意味著一種視線的轉換：從關注"正常人"到關注"邊緣人"。

《美國麗人》（American Beauty）中有一組令筆者銘記如新的畫面，那就是由片中男孩用家庭攝影機所拍攝的白色垃圾袋的風中之舞。無疑，能從垃圾袋的隨風飄蕩中看到美，其前提就是觀察世界的視線從高尚之物轉向卑微之物。就理論思考與藝術再現而言，視線的轉換即意味著認知方式的轉換，而認知方式的轉換，必然導致新問題的敞開與新知識的生成。

---

3 參閱傅（福）柯《瘋癲與文明》前言，劉北成、楊遠嬰譯，臺北：桂冠圖書公司，1992。

4 見《羊城晚報》（2001/8/24）相關報導。

　　從這個意義上說，波德賴爾、尼采、弗洛依德、福柯等異端思想家或藝術家，恰如《美國麗人》中的那個總是將鏡頭對準卑微之物、被遮蔽之物的中學生，都是因視線轉換而有異乎尋常的發現。

一、飲鴆止渴：吸毒與認列儂為父

　　《昨天》一片的一大賣點就是以賈宏聲其人的真實經歷為題材，並由賈宏聲本人出演。因此，該片可以說是一部由真人演繹其沉痛往事的"非虛構電影"（non-fictional film）。

　　賈宏聲曾問他生身父母，他們家族是否有歐洲血統。在此後的一次談話中，他更為直接地向他生父挑釁道，為什麼我的父親偏偏是你，而不是列儂。

　　且不論賈宏聲的發難如何得有悖孝道，如何得無父無君，此處首先需要追問的是，他為何會萌生精神"弒父"的意識？他為何會奉列儂為"代父"？其內在動因是否僅僅是"嬉皮士"或"憤怒青年"對於正統觀念和固有權威的逆反心理？

　　解答這些問題的關鍵線索就在於賈宏聲挑釁他生父時的另一重質疑，你覺得你活得有意思嗎？這一質疑的潛臺詞是，你的活法沒意思，你不配作我父親。如果把賈宏聲的這一質疑視為他那一代人精神困境的象徵，並將他生父的活法視為上一代人活法的縮影，那麼，賈宏聲的質疑便在凸顯出兩代人隔閡的同時，敞開了如下生存論難題：什麼樣的生活才是有意義的？

　　也許正是在尋求解答這一難題，亦即尋求人生意義的過程中，賈宏聲與約翰·列儂不期而遇了。列儂和其他"披頭士"樂隊成員都於"二戰"後出生於利物浦工人階級家庭，他們非常直接並且非常樸素地表達他們對愛情、金錢、和平與靈感的渴望，他們抨擊“越戰”，揭露基督教的僞善，不滿於“冷戰”引發的壓抑生活，他們的歌曲和言論也因而成了個性自由、平民願望與反抗力量的精神載體。生於 20 世紀 60、70 年代的賈宏聲在列儂式的富有個性與激情的活法與其父輩壓抑個性與欲望的活法之間，自然會趨向於認同前者。可以想像，當他哼著“人生最愜意的是自由，可你不能飛翔如鳥似蜂。因此給我錢，那是我想要的。你的情人叫我驚訝，但你的愛情不能付帳。因此給我錢，那是我想要的。”（《錢》）這類歌詞時，其靈魂深處一定顫動著驚喜交集的歸屬感。也許就在那一刻，他覺得自己終於發現了“有意思”的活法，那就是像列儂們一樣自由地表達欲望，自由地追逐個體利益或幸福。因此，他要奉列儂爲“代父”，爲偶像，爲圖騰，作爲未來人生的引導者和精神支柱；而爲了徹底告別“昨天”，他就必須從精神上顛覆體現著另一種活法的生父的血緣權威。這無疑表明，賈宏聲的精神“弑父”實際上象徵著成長於“文革”時期的那一代人對上一代人乃至上兩代人的生活方式的斷然否棄。也許正是這種對父輩的懷疑及對人生意義的重新尋求，構成了張揚所謂“滲入我們這一代人血液裏的東西”。

　　不過，在表現成長於“文革”時期的那一代人的精神特質方面，被美國媒體譽爲“中國搖滾樂教父”[5]的崔健無疑比多少還有些純情的張揚更具穿透力。與其同齡人一樣，崔健成長的年代正處於動亂的“文革”時期。他們從小就接受“生在新社會，長在紅旗下”、“聽黨的話，做毛主席的好孩子”的教育。自 1978

---

5 見《亞洲週刊》（1995/9/10）相關報導。

年以後，改革開放給中國的城市和鄉村帶來了新的生機，同時也
帶來了西方社會的文化思想和生活方式。經過二十多年的隔絕，
這種突然的西方世界大範圍的曝光及與之相伴的新觀念的衝擊在
中國社會引發了強烈的"文化震撼"（cultural shock）。許多人面
對突如其來的變化感到茫然失措：往昔的神像雖已轟然倒塌，未
來的路標卻在彌漫的煙塵和閃爍的霓虹燈光影中撲朔難辨。崔健
的樂曲和歌詞恰"像一把刀子"，真實而銳利地表現出了在疾速
變化的社會環境中成長的年輕一代的迷惘、憤懣、對人性解放的
渴望和對人生意義的求索：

> "權力在空中飄蕩／經常打在肩上／突然一個念頭／不再跟著
> 別人亂走／雖然身體還軟／雖然只會叫喊／看那八九點鐘的太
> 陽／像紅旗下的蛋"

> "現實像個石頭／精神像個蛋／石頭雖然堅硬／可蛋才是生命
> ／媽媽仍然活著／爸爸是個旗杆子／若問我們是什麼／紅旗下
> 的蛋"

> ——《紅旗下的蛋》

　　很顯然，賈宏生就是一枚崔健意義上的"紅旗下的蛋"，其
生父則是一根曾高懸過飄揚的紅旗的"旗杆子"，他們父子間的
關係無疑是受困於革命話語的牢籠的一代與力圖從革命話語的牢
籠中脫殼而出的一代之間相互關係的象徵。從這個意義上說，賈
宏生對他生父的挑釁式質疑："為什麼我的父親偏偏是你，而不
是列儂"，其潛臺詞大致即相當於《紅旗下的蛋》中的另一段歌
詞："別說這是恩情，永遠報答不盡。我們不再是棋子兒，走著
別人劃的印兒。自己想試著站站，走起來四處看看"。頗具反諷
意味的是，賈宏生在推倒現實及象徵意義上的兩重父權偶像的前

提下“四處看看”的結果，卻是立起了一個新的父權偶像 —— 洋歌手列儂。這恰恰體現了賈宏生那一代人的精神癥結：他們追求自我發展，但自我引導能力卻先天不足，因此常常會迷失方向。

如前所述，賈宏生是在對父輩的懷疑及對人生意義的重新尋求中與列儂相遇並認後者爲“代父”的。然而，認列儂爲父，也就是認虛無爲父，因爲，列儂並未提供一個確定的人生路標，事實是，他本人也一度迷失了人生的方向，由一個風靡歐美的“憤怒青年”演變成了一個蓄長髮、抽大麻、並與女友大野洋子合拍裸照以示其玩世不恭的“嬉皮士”。列儂有一句表現其戒毒感受的歌詞：“我希望自己是個嬰兒，希望自己死掉”（《凍火雞》），它無疑是內心絕望的真切寫照。因此，賈宏生的認列儂爲父就多少帶有了一些諷刺色彩，因爲，他的“代父”其實不過是一個精神上尙未成人的成年“嬰兒”。賈宏生後來的吸毒更證明列儂式的富有個性與激情的活法，雖然對他而言比父輩的生活“有意思”，卻並未爲他提供恒久的精神寄託。這多少意味著，賈宏生的認列儂爲父與其後來的吸毒，都可以說是飲鴆止渴之舉，越想排遣空虛，反而墮入更深的空虛；越想走出原有的父權偶像坍塌後的迷惘，反而陷入了更深的迷惘。一段據說是崔健自述其吸毒感受的歌詞即直指內心地體現出了這種二度失落後的精神狀況：

> “我分不清楚方向也看不清楚路/我開始懷疑我自己是不是糊塗/這周圍還有一股著火的味道/在無奈和憤怒之間含糊地燒著/我突然一腳踩空身體發飄/我孤獨地飛了”（《飛了》）

二、偶像的黃昏與 "女性道德" 的實踐意義

從賈宏生的認列儂爲父可以看出，他雖然是一個敢於挑戰現實及象徵意義上的兩重父權偶像的 "憤怒青年"，卻遠非尼采意義上的偶像破壞者。他骨子裏其實還有著很深重的偶像崇拜情結。而一個有著偶像崇拜情結的人其實在精神上並未脫離童稚狀態。因此，他的叛逆，他的反抗，他的 "嚎叫"，多少有些類似於嬰兒的哭喊，尖利聲音或激進姿態的背後隱藏著深深的無助。

由此推論，吸毒者賈宏生真正意義上的重生，並非源自戒毒成功的那一刻，而是源自擊潰列儂偶像的那一刻。因此，賈宏生所面臨的其實是雙重戒毒的沉重挑戰。毋庸諱言，"吸毒 — 戒毒" 這一爲賈宏生所必須經歷的重生過程僅對吸毒者或其他極端行爲的主體具有示範意義，但戒除偶像崇拜情結這一靈魂的重生過程卻適用於造神傳統影響下的所有個體。就此意義而言，每一個並無吸毒及類似經歷的觀影者都有必要反省一下自己的內心深處是否潛藏著偶像崇拜情結。

雖說筆者對某些思想者借 "上帝" 或 "天道" 等超越性力量以約束世人的良苦用心有一定的認同感，但仍然堅信，一個自由個體的重生之時，也就是偶像的黃昏降臨人間之日。

當然，對彼岸或超越性力量的訴求並不能簡單地等同於偶像崇拜，但如何在認信超越性力量與偶像崇拜之間把握必要的分寸，卻是一個神學救世主義者或理想主義者（如道德理想主義者）所必需應對的難題。本文限於論述框架的限制不擬就此問題展開討論。在本文的論述語境中，接下來需要追問的是：賈宏生擊潰列儂偶像的深層寓意是什麼？如果說，他曾經爲了走出血緣或意

識形態之父權偶像坍塌後的迷惘而認列儂為 "代父"，那麼，當他在擊潰這一新偶像之後，又該如何走出二度失落後的迷惘？

我以為，賈宏生擊潰列儂偶像的深層意義即是告別過於迷戀個體權利的自我主義（egoism）。而告別自我主義之後的生活模式之一，即是將視線從自我轉向自我與群體的關係，明確自我在群體中所應擔當的責任，並以對大我的關懷或訴諸西方社群主義（communitarianism）者所謂 "關懷道德" 化解或轉移自我的痛苦。[6]如果前文關於列儂的描述是正確的，那麼，他的 "活法" 實質上就是自我主義症候的一種體現。如前所述，這一 "活法" 雖然對賈宏生而言比父輩的生活 "有意思"，卻並未為他提供恒久的精神寄託，也並未使他超越於人生虛無之境，反而使他因 "紅旗下的蛋" 式的二度失落而欲借吸毒自遣。

在上述論述背景下，某些當代西方學者基於社群主義立場對自由個人主義（liberal individualism）所作的反思就不可避免地進入了本文視野。社群主義者認為，西方的自由主義文化傳統所促成的社群價值觀的衰退已經到了必須加以糾正的地步。用美國倫理學家麥金太爾的話來說，西方社會業已進入了一個 "轉折時刻"（a crucial turning point）。在這個階段的問題是 "地方形式的社群"（local forms of community）的建構，在這種社群中，文明及智識和道德生活能夠度過業已降臨的黑暗時代而維持下來。[7]關於社群的特徵，麥金太爾指出，理想社群的中心紐帶就是對利益（善）擁有共同的看法和認識，如果一個人把自己從起初象學

6　參見蘇力《社群主義構成一種挑戰嗎？》，劉軍寧等編《自由與社群》，北京：三聯書店，1998，頁8。
7　Alasdair MacIntyre, After Virtue：A Study in Moral Theory, Indiana：University of Notre Dame Press, 1984, p263.

徒一樣在其中恭順學習的共同活動（shared activity）中分離出來，並把自己與在這些活動中發現其關鍵要素和目的的社群隔離開來，那麼，他就會象尼采意義上的超人那樣在自己身外不可能發現任何善，從而陷入"道德唯我論" （moral solipsism）的困境。而"道德唯我論"無疑是作為自由個人主義極端形式的自我主義的基本特徵。[8]

進而言之，社群主義與自我主義的根本對立在於，前者以作為社群價值觀體現的共同利益（善）為本位，後者以個人利益或權利為本位，並完全通過訴諸自我而確立善的標準。在社群主義者看來，自我主義者的癥結恰恰在於他們沒有意識到自由的個體都是在某個群體的傳統和結構功能中生成的，完全脫離社會群體的自足個體其實是空洞的存在。用社群主義代表人物桑德爾（Michael Sandel）的話來說，沒有社會內容的自我即是虛無。[9]因此，以個人利益或權利為本位的自由個體將目標轉向個人利益與公共利益的和解，不但是道德上的應然要求，也是他從無所憑依的虛無狀態中解脫出來的現實途徑。由此推論，社群主義者重申"博愛"在西方自由主義體系中的地位，宣導相互關心的"女性道德"亦即"關懷道德"，不僅僅是懸示了一種道德理想，也提示了一種個體超越自我痛苦與迷惘的可行方案。

從吸毒者賈宏生這一個案來看，他所欠缺的首先是對來自其父母或家庭（個體與社群關係之間的仲介）的血緣之愛乃至人倫之愛的回應。[10]筆者在觀影時盤旋不去的一個疑問是，賈宏生何

8　參見 After Virtue，pp257-259.
9　參見韓震《後自由主義的一種話語》，《自由與社群》，頁 19。
10　在本文的論述語境內，人倫之愛包括血緣之愛、友誼、愛情及對同一社群中的其他人的關懷。

以會對父母之愛如此冷漠？合理的解釋是，他由於對父權和父輩"活法"的極度拒斥而形成了對父愛的拒斥心理，進而喪失了除男女情愛之外的愛他人的能力。這種愛本能的功能性障礙不可避免地會遮蔽其"社群交往的需要"，而按照社群主義者的看法，"一旦這種需要得不到滿足，就會導致冷漠、犯罪、酗酒、吸毒和家庭破裂"。[11]

從這個意義上說，賈宏生實現精神重生的一個必要前提就是愛本能的複歸。就賈宏生與其父母的關係而言，這種愛本能的複歸首先體現為對血緣之愛或人倫之愛的回應能力的恢復，它與社群主義者重申"博愛"在西方自由主義體系中的地位具有邏輯一致性。究其實質，無論是強調對人倫之愛的回應能力，還是宣導與"博愛"精神相表裏的"女性道德"，都以人與人之間的和諧關係為基本著眼點，因而也與和諧即善、隔絕即惡這一新倫理觀相呼應。

由愛本能的複歸所衍生的一種直接心理後果即是重新體會到家庭倫常之樂或天倫之樂。影片《昨天》的結尾部分對此似乎也有所暗示：當賈宏生從精神病院返回家中，看著家人熟悉而忙碌的背影，看著父母為他精心佈置的臥室，木然的眼光中掠過了一絲稍縱即逝的柔情。香港"無厘頭"電影的代表作《大話西遊》結局處的狀元郎（吳孟達飾）還鄉與妻妾（莫文蔚等飾）團聚一幕，則極具鬧劇色彩然而也更為直接地表現了由仙魔俠盜的恩怨仇殺到投胎轉世亦即重生後的共敘天倫這一生存形態的轉變。

11　參見《後自由主義的一種話語》，《自由與社群》，頁 17、18。

三、精神之父與血緣之父：重審"孝"的依據

　　對任何人來說，生身父親作爲血緣之父都是不可選擇的，這一事實可以說是存在主義者所謂人是"被抛入"世界的存在物這一命題的最恰切注腳。不過，作爲自由個體引導者的精神之父卻是能夠也應當主動選擇的。需要說明的是，精神之父只是一種象徵性的說法。換言之，精神之父未必是一個具體的個體，也可能是一種生存理念如自由主義、社群主義等。在賈宏生這一個案中，洋歌手列儂即是其主動尋找的精神之父。如果賈宏生對列儂這一精神引導者的認信，並未嚴重到偶像崇拜的程度，那麼，需要進一步追問的是，爲了精神之父而否棄血緣之父，算不算忤逆？進而言之，"孝/順"的合理依據是否一定在於血緣之親？

　　按照儒家正統孝悌觀，"不愛其親而愛他人者，謂之悖德。不敬其親而敬他人者，謂之悖禮。"[12]一貫道貌岸然的孟子表述得更嚴厲，"不得乎親，不可以爲人。不順乎親，不可以爲子。"[13]以此種建立在血緣關係和親親情感基礎上的倫理標準來衡量，賈宏生無疑是一個"悖禮"、"悖德"的不肖之子乃至衣冠禽獸。問題在於，血緣關係和親親情感作爲儒家倫理體系的邏輯起點，真得具有不可動搖的合理性嗎？

　　對於這一問題，中西方學者已有很深入的反思。本文限於篇幅，無法展開討論，而只擬圍繞"孝順"這一儒家倫理體系中的道德言辭進行思考。我以爲，"孝"與"順"並提恰是儒家正統

12　《孝經》。
13　《孟子·離婁章句上》。

孝悌觀之癥結的一種表徵。具體言之，子“孝”於親作爲一種家庭倫理中的應然訴求不應當不加反思地添入子“順”於親這一層內涵，否則就會喪失其充分的合理性依據。也就是說，應當將“孝”與“順”作二元區分，而不應簡單地加以整合。同理，對類似於“孝順”的另一道德言辭“孝敬”，也應作適當剖分，下文對此會有所論述，茲不贅。

《孝經》釋“孝”之義爲，庶人“用天之道，分地之利，謹身節用，以養父母”；士則“資於事父以事母而愛同，資於事父以事君而敬同，故母取其愛，而君取其敬，兼之者則父也。故以孝事君則忠，以敬事長則順。忠順不失，以事其上。”又謂，“孝子之事親也，居則致其敬，養則致其樂，病則致其憂，喪則致其哀，察則致其嚴。五者備矣，然後能事親。”[14]

我以爲，“孝”之義如以對庶人的要求即“謹身節用，以養父母”爲基本內涵，而將對士人的額外要求即“忠順”排除在外，那麼，“孝”這一“品格德性”（the virtue of character）[15]或倫理訴求就具有充分的合理性依據。因爲，所謂“父兮生我，母兮鞠我”[16]雖非子輩的主動選擇，但父母的養育之恩、親子之間的血緣關係畢竟是無法抹煞的客觀事實，因此，子輩有義務“謹身節用，以養父母”，其具體表現則是“養則致其樂，病則致其憂，喪則致其哀”。[17]當然，在現實生活中，子輩或許會僅僅基於血緣關係所激發的天然之愛而不是出於義務意識侍奉父母，但

14 同注 10。
15 After Virtue，p154.
16 《詩經・小雅・蓼莪》。
17 《論語・學而》。

這並不妨礙本文在理性層面論證子輩"謹身節用，以養父母"這一倫理訴求的應然性。

進而論之，無論是天然之愛還是義務意識，均無法作爲子輩應無條件地順從父輩的有效依據。爲了說明這一點，不妨先回顧一下儒家倫理傳統之"敬順大義"的一個極端表述，即所謂"三年無改於父之道可謂孝矣"之說。對這一觀點，魯迅從進化論的立場諷刺說，這"當然是曲說，是退嬰的病根。假使古代的單細胞動物，也遵著這教訓，那便永遠不敢分裂繁複，世界上再也不會有人類了。"[18]

我以爲，父輩因其年長而有著更豐富的人生經驗，子輩不應無視父輩的忠告。日常生活中，長者在勸說後輩時常用的開場白"我吃過的鹽比你吃過的飯多，我走過的橋比你走過的路多"，表達的就是這樣一層意思。但長者不能因爲自己閱歷豐富而要求後輩對其無條件地聽從。原因有二，首先，長者的豐富閱歷說到底只是一種經驗理性或實用理性，未必經得起純粹理性的追問；其二，每一代人的生存環境、價值取向都有所不同，一代人的經驗未必適用於另一代人。至於僅僅因爲對子女有著以血緣關係爲背景的養育之恩而強求子女言聽計從，則更是一種非理性的要求。在此種非理性的要求得到廣泛認同的文化語境下，子輩往往會形成對父輩的順從意識。此種順從意識體現在政治關係中，即是一種順民意識。由於父子關係中的順從意識與政治關係中的順民意識存在著上述同構性，儒家倫理的"孝—忠"一體論便是一種合乎邏輯的道德訴求。《孝經》所謂"君子之事親孝，故忠可移

---

18 魯迅《墳·我們現在怎樣做父親》。

於君。事兄悌，故順可移於長。居家理，故治可移於官。”[19]，即是“孝—忠”一體論的經典表述。正因爲孝親與忠君在儒家倫理中存在著順推關係，“不孝”便不僅是家庭關係範疇內的惡，更是國家統治架構內的不赦之大罪。從這個意義上說，對“孝”尤其是“孝順”的合理性依據的反思，便具有了一種對傳統社會的顛覆功能。“五四”時期的文化批判者們之所以相當注重對“孝”這一儒家倫理體系中的品德德性加以重審，正是意識到了對父子間的順從意識的解構，實質上也就是對政治關係中的順民意識的解構。從這個意義上說，魯迅於 1919 年 10 月發表的《我們現在怎樣做父親》一文，表面上是探討“我們現在怎樣做父親？”，其內在關懷則是“我們現在怎樣做公民？”。

亞裏斯多德指出，“唯有善者才能擁有實踐理智”（it is clear that a man cannot have practical intelligence unless he is good）。[20]麥金太爾對此闡發說，“品格德性”與“理智德性”（intellectual virtue）有著互動關係，前者亦需要後者的支撐。最重要的“理智德性”之一即是“明智”（wisdom）。[21]我以爲，在對待或實踐中國傳統的“品德德性”如“忠孝節義”時，也應輔以“明智”這一理智德性，否則便難免成爲道德上的愚民。以“孝”這一“品格德性”爲例，如以“謹身節用，以養父母”爲基本內涵，而剔除盲從之義，則不失爲一種“明智”的選擇。換言之，“孝”與“順”應區分開來，不能簡單地加以整合。同理，“孝”與“敬”也應當區分開來。因爲，在儒家倫理體系中，“敬”不僅僅是一

19　《孝經》。
20　Aristotle, Nicomachean Ethics, 1144a.
21　After Virtue, pp155-156.

種由父子間的血緣之愛而衍生的尊崇之情，還包含著子輩應服從於父輩或長者的權力意識，因此，"敬"與"順"的訴求同樣只是一種權力訴求，而缺乏充分的合理性依據。以此認識為前提反觀賈巨集生為精神之父而否棄血緣之父的"弒父"行為，便不能簡單地判定為"忤逆"之舉，因為血緣關係與親親感情並不構成賈宏聲應以其父為人生引導者的有效依據。

此外，魯迅在父子問題上還特別強調應以"愛"替換"恩"。[22]換言之，對"恩愛"這一通用言辭也加以二元剖分。具體而言，"愛"是主動施與，"恩"是被動感受，施愛者若以對方報恩為目的，即非真愛，施愛與報恩即成為一種交易。因此，"恩賜"這種提法就帶著很濃的銅臭味或權力在握的優越感。進而言之，感恩應是被動者的自覺響應，而不能由施愛者主動索求。同理，"恩情"與"責任"也應區分開來。如果將履行責任等同於施與恩惠，那就有市恩之嫌，崔健的歌詞"別說這是恩情，永遠報答不盡"（《紅旗下的蛋》）就其深層寓意而言，表達得正是對市恩意識的極度反感。

餘論：從失衡到恢復平衡的通俗倫理敘事

《昨天》一片最具衝擊力的場景，就是賈宏聲搧其父耳光那一幕。它在觀眾心中所引發的強烈"震感"，可以用崔健的一句歌詞來形容，"我張開了嘴巴扯開了嗓門兒，發出了從來沒有發出過的音兒，這聲音太刺激把人們嚇著了"（《飛了》）。很顯然，這一幕是一個經典的"弒父"情節。從倫理視角來看，這是作為

---

22 參見《我們現在怎樣做父親》。

儒家倫理精神集中體現的"孝"被瓦解或被解構的瞬間。影片隨後為化解或彌補這一瞬間的道德影響而安排了相應的情節，如男主角的下跪自責、被送往精神病醫院等。這就意味著，該片後半程的敘事結構在很大程度上受正統倫理意識的潛在支配。

　　概括而言，許多影片中最具衝擊力的鏡頭或情節，往往就是正統倫理觀被解構的那一瞬間。如《菊豆》中的亂倫、《春光乍瀉》中的同性戀、《花樣年華》中的通姦、《珍珠港》（Pearl Harbor）中的奪友之"妻"等。而化解或彌補這一瞬間的道德影響，就成了電影敘事的主導因素之一。以《花樣年華》為例，張曼玉飾演的女主角與梁朝偉的飾演的男主角得悉彼此的配偶有染之時，即是該影片最具情感衝擊力的瞬間，同時也是整部影片的轉捩點。該片隨後的情節便在兩位主角是否也會走向通姦的懸念中展開。經過反反覆覆地表現兩人之間的相互試探與心理較量，影片最後在梁朝偉孤身遠走異國的悵惘意緒中完成了關於如何面對配偶失貞的倫理敘事。而張曼玉一句"我們不能像他們一樣"的臺詞，作為靈肉衝突中勸人勸己的道德陳辭，似乎早已暗示了故事的結局。

　　再以美國片《珍珠港》（Pearl Harbor）為例。該片以一女二男的情感糾葛重新演繹了二戰期間的"珍珠港事件"。雷夫和丹尼是相交多年的好友。二戰爆發後，他們一起加入了美國空軍。在戰地醫院中，雷夫結識了女護士伊雯琳，兩人隨後成為戀人。在一次空戰中，雷夫的飛機被擊落，並沉入大海。噩耗傳來，伊雯琳悲痛欲絕。丹尼的陪伴使她走出了心靈的晦暗。兩人也在彼此撫慰中陷入了愛河。但雷夫的意外生還卻使得丹尼和伊雯琳的愛情一瞬間被打上了背叛的烙印。如何解決這一造化弄人式的倫理困境？影片導演安排了一個多少有些俗套的結局化解了這一難題：丹尼在戰場上死於雷夫的懷抱，雷夫與伊雯琳重歸舊好，他們與丹尼的遺腹子（伊雯琳所生）開始了三口之家的"幸福生活"。這無疑是一個美國式的大團圓結局。換了貞潔意識濃厚的某些中國人，未必願意接受這樣的結局，至少不會將其視為一種完滿的結局。

顯然，《昨天》中賈宏聲搧其父耳光那一幕，《花樣年華》中男女主角得悉彼此的配偶有染之時，《珍珠港》中雷夫的意外生使丹尼和伊雯琳的愛情背上了背叛的罪名那一刻，都可以說是正統倫理觀被解構的那一瞬間，從電影敘事角度而言，這是一種內在的失衡，而賈宏聲的下跪，張曼玉的自持，丹尼的陣亡，則可以說是象徵性地化解了正統倫理觀被解構那一刻所伴生的道德影響，因此，這些情節同時也使得影片由內在失衡的狀態重歸平衡。此種"失衡→恢復平衡"的結構模式可以說是許多通俗文藝文本（尤其是所謂"倫理片"）所共有的敘事特徵，其實質則是正統倫理觀在通俗藝術中的永恆勝利。

第六章　從倫理敘事看儒家倫理的現代命運

第一節　儒家倫理的空殼化現象

從張愛玲、王朔、劉恒、張揚等人不同時代不同類型的文學敘事和電影敘事中，我們發現，儒家倫理規範、德性訴求的相關範疇如三綱五常、忠孝節義、禮義廉恥、君子人格雖然還掛在各種虛構人物的嘴邊，但那往往是人際爭鬥、利益博弈時的說辭，並不一定真有所認信，人物行爲的真正驅動力是欲望、激情以及對自身利益的本能關注。我把這種情形稱爲儒家倫理的空殼化現象。

"空殼化"這個詞容易讓人聯想到經濟學領域的"殼資源"和"借殼上市"。"殼"怎麼就成了一種資源以至於要化代價去買回來？這恐怕是因爲"名不正則言不順"。《資治通鑑》上大家行動的旗號多半都是"替天行道"。這麼高蹈的目標其實很難實現，爲什麼不把旗杆降低到大家可以夠得著的高度呢？道理很簡單，旗杆樹得高，旗號叫得響，才能應者雲集，這就是具體收益。又如皇帝的詔書裏，開頭經常是："奉天承運"。這樣做有兩個好處：1）皇帝成了天道的代言人，2）在至高無上的天道這個大利益下，我皇帝讓你們犧牲一下自己的具體利益乃至獻身來"顧全大局"、來照顧那個名字叫做整體利益實則是皇帝自己的利益的東西的時候，覺得這樣不但應該，而且會得到虛幻的補償──瞧，我是在為天道做貢獻呢。

如果把調子降低下來，對皇帝會有什麼損害呢？如果詔書中開頭寫道：為了皇帝我的利益，臣子你需要如何如何。這樣統治的權威性就不存在了。因此這個調子不能實在化。

而儒家倫理觀中那些高調的東西，夠高，正合皇帝使用，因此沒有更高的學說來替代它，即使有也沒有必要，因為足夠高了，而要替換也是需要成本的；此外，由儒家學說而派生的利益集團──解經集團──也會反對。自古中國就是皇帝社會，因此倫理道德中的關鍵部分就常常處在空殼化狀態。

除了政治倫理層面因"借殼上市"而導致的名實不符，也即空殼化現象之外，在日常的道德經驗史中，也同樣可以觀察到具體而微的類似現象。換言之，那些帝王將相以外的一般中國人就真的認信儒家倫理並以之為實踐意向嗎？如果真是這樣，為何在各類野史和通俗文學中充斥著血腥、暴力、偽善和勾心鬥角？如果真是這樣，為何高喊崇尚辭讓、恕道、推己及人之孔孟式口號的文人士大夫又有相輕、相仇的惡習，為什麼文人之間惡毒口角、惡意陷害的行狀遍佈史乘？嵇康的命運，方東樹對"漢學"的刻毒辱罵，都是典型的例子。"文革"中的所謂"文鬥"，很難說沒有傳統基因在作祟。

這就意味著，中國人必須更客觀、務實地設立倫理規範的基礎，這個基礎的設立必須對人性的弱點和人性惡有充分地考量，而不能被性善論的高調所誤導。

我們知道，"倫理"的本意就是指人倫之理，是一套由自發而自覺的整體性應然訴求，所謂應然訴求，其實就對人的實然趨向的歸約。黑格爾曾嚴格區分了個人道德與社會倫理的界限，在他看來，道德是意志返回到自身的、純粹精神上的東西，是意志上的善從外部世界退回到它自身之中的內在性，所以說，道德是純粹主觀的，不對家庭、社會和國家承擔任何有約束的義務。倫理是社會性的，社會倫理是主觀和客觀在客觀精神領域內的具體的統一，或者說，它是道德概念的客觀實現。因此，在黑格爾那裏，道德直到超出它本身、並且成為社會倫理時，它才是真正的存在。

回到儒家倫理空殼化的問題，所謂"空殼化"，形象地說也就是指像一個空殼那樣供在那兒，只有象徵性的威懾作用。當然，倫理觀念的高蹈固然易與實踐脫節，但未必不能影響於現世，知而不行，或知而不信，才會導致空殼化，知而難行，或在實踐中打了折扣，可不能等同於空殼化。在張愛玲的小說語境中，三綱五常，天理人情成了利益算計的說詞，那才是標準的空殼化，和那些認信天理人情，但在實踐中無法徹底按天理行事的人，還是不可同日而語的。

很顯然，人性的弱點或人性惡是實然存在，不會因為大講向善的道理就不存在。而且向善之理倘不能正視人性的弱點，則只是一道德烏托邦，很難發揮實際的約束作用。抽象地來說，我們當然應該從人之初就培養其擇善從之的習性，但善之為善，卻有不同的界說，如果持論過高，標準過苛，過於壓制人的本能趨向（如名利欲，畏死戀生，趨樂避苦，自私或自愛），那就很難被自覺奉行，其結果有兩個，一是偽善之風盛行，一是泛道德主義暴政，這兩種現象構成了中國傳統道德經驗史的重要側面。此外，善惡是相對立而又相依存的，未知惡，爲知善？而且倫理學家也不可能指望勸善教育能夠徹底淨化個體和整個社會，人是欲望、激情、理性的合體（柏拉圖），也是高尙和卑下的總和（王小波），你認知了，但不等於你能踐行，任何倫理體系都不應忽視欲望之激情的沖創力或破壞力，否則必然會被空殼化。再從人道主義的角度著眼，對人性的徹底淨化，其實也就是對人性的扼殺。所以我們應該順應人性之實然而衍生出理義之必然（戴震）。即使是在初始教育階段，也不能回避善惡之分，否則誰能領會向善之意義？

事實上，從儒家學說的氣質論來看，不管是主性善還是主性惡，有一點是肯定的，即儒家學者從來不認爲後天的修爲對於"性"而言是可以闕如的，不管是程頤朱子講持敬主敬，還是陸象山講靜坐，王陽明講功夫，或是劉蕺山講愼獨，除了王學末流，未有認爲自性完滿可以安享其成的，因此，從根本上講，儒家即使不全是性惡論者，也至少都是"性不備"論者。

"性"這個範疇在古代倫理思想的領域內有著多義的解釋，我傾向於人性乃"善惡混"這種觀點。盧梭和亞當斯密都以爲人有同情心和自愛心，並且都充分肯定人的自愛心。我覺得，人確有同情心和自愛心，但自愛心只是人之利己動機（本能）的積極顯現或命名。人之利己動機（本能）的消極表現或命名就是所謂私心或自私。人性而兼有同情、自愛和私心，兼有理性、激情和欲望（含弗洛依德所謂攻擊本能之類），決定了人性的善惡混。理想倫理秩序的型構必須要正視人性善惡混這一心理眞實，而且對人性惡的界定也必須在合乎人道的前提下相對寬鬆，比如自愛心和合度的欲望就不能視爲人性惡。當然，"度"的掌握，自愛與自私的界限（可以引入關於自由的邊界、個人利益的邊界等討論作爲參照），都不是輕易能夠劃定的，所以幾千年來都沒能在馭性之道上達成共識。

質言之，古人所謂馭性之道，不外三類，曰復性（程朱），曰移性（荀子），曰隨性（戴震），後二者皆正視人性弱點，而不歸之於氣質之汙壞，其中戴震隨性自然而規約之之論尤爲高明，且和現代性倫理有更大的相容性。復儒學中戴震一脈而與西方現代性倫理相會通，將有效地從倫理層面因應"東亞現代性"這一命題和相關實踐。

由於儒家對高蹈的道德理想的信心並不必然建立在人性善的觀念上，這就導致了儒家學說往往彌漫著一種"知其不可爲而爲之"的悲劇氣氛。此外，在儒家倫理思想體系內也潛藏著其他一些使其自身矛盾、緊張、乃至崩壞的因素。揚雄的《法言》中記載了這樣一段對話："或曰：人各是其所是，而非其所非，將誰使正之？曰：萬物紛錯則懸諸天，眾言淆亂則折諸聖。"[1]問題是聖人既萎，大家對經書的理解也各自不同，儒家實際上並沒有解決這些"是非"的標準答案，因此大家往往要打破頭，也不奇怪。往深了看，儒生各挾己見，各以正宗自居，而對異己不惜惡言相向，"德之賊"、"孔孟之賊"等高帽滿天飛，甚至必欲置之死地而後快，還有相當複雜的原因，其一，這是名器之爭，正宗者才能上位，才能獲得文化霸權，並能維持或奪取御用護法的至尊地位，這背後的心理動因乃名利之欲；其二，人性恒以己是而人非，並進而以持異見之他人爲非人（罵別人爲"小人"還是

---

1 揚雄《法言》吾子卷第二。

輕的），遂有道德名義下的清洗或屠殺，是所謂致命的自負，這種現象在基督教的不同教派之間也同樣存在；其三，道德立義過於峻刻，衛道激情（道德理性的激情！）過於兇悍，遂致以不德者爲非人，並因而泯滅了忠恕謙守之良知，也泯滅了對死於理者的同情心（所謂怵惕不忍之心），從法國大革命中不也能觀察到類似現象？槪而言之，隱藏在君子/小人之辨表相下的人/非人（儒生對不德者的慣用語就是"禽獸"，墨子不過講兼愛，就被罵爲"禽獸"，）之別，乃是泛道德主義人道災難的觀念根源；四，儒家對於政治秩序的安排往往是與道德修養相聯絡，一定的政治地位要與一定的道德風操相契合，否則便要讓人失望、引發義憤，中國古代詩歌的一個源遠流長的主題，不就是"世胄躡高位，英俊沈下僚"這一類的怨望和孤憤？"義憤"這種東西，遞進一步便沾染上報仇雪恨、再造乾坤的殺氣，回轉一下便變成啥也不信、啥都敢幹的匪氣。像明末黨爭，不能不說清流們的義憤過頭了。再以文革爲例，剔除其中人性惡劣的因素，是否有人是在誠心誠意地發洩他的"義憤"？是否有人因"誠信"而"不信"、既而變得肆無忌憚？王朔筆下的頑主們就有這樣的傾向。

　　綜括而言，如果不能正視人性的弱點，一切倫理學的思考，一切倫理體系，都註定是道德理想主義烏托邦，也註定了被空殼化的命運。西方的個人主義、自由主義思潮就充分考慮到了人性的弱點，這些思潮沒有掩飾人性的弱點或對人性的弱點視而不見，而是著眼於如何順應人性而又加以合理、務實地規約，所謂自願性契約、所謂自由的邊界、所謂不能以他人爲工具追逐個人利益，其結穴點都是合理務實地規約人性弱點。

　　另需說明的是，本文所謂儒家倫理的空殼化，只是是對某一種趨向、狀態的描述，不能涵蓋全部歷史事實，因爲文官集團的道德制衡也確實或多或少地發揮著作用，只不過這種道德制衡由於缺乏權力制衡作爲基礎，所以註定是不可靠的。

儒家倫理在展開時所面對的歷史－現實情境（專制政治，宗法社會，小農經濟）註定了它在政治倫理層面只能成爲王權的附庸、文化霸權的共謀。所謂"外儒內法"，其實就是說儒家思想只不過是一外在的空殼，實質性的政治操控還是以嚴刑峻法、暴力威懾爲支撐。

在傳統社會的日常倫理經驗層面，儒家倫理確實發揮著切實的規約作用，但僞善、詭詐之風也經久不衰，作爲儒家倫理精義的恕道（推己及人、己欲達而達人）、怵惕不忍之心等人道、開明的精神元素在峻苛理法的壓抑下生機奄奄。對這種複雜的倫理經驗狀態的反思，是我們考察儒家倫理現代命運的邏輯起點。

第二節　儒學與現代性謀劃的相容性：以戴震的"理欲"說爲例

一、儒學的復興如何可能？

近年來，復興"儒學"或"國學"駸駸然已成一大社會思潮，其中蔣慶先生可謂執牛耳者。蔣慶欲以西方政治哲學理論重整"公羊學"，並借此搭建當代中國政治改革的框架，或可視爲"後公羊學運動"之發端。春秋三傳之中，"公羊"、"谷梁"同以義理勝，但春秋經之微言大義卻以"公羊"所發明者爲最多，諸如三世之說，非世卿之說，三科九旨說，以春秋當新王之說均爲公羊家言，其用心所在，無非"經世"二字，以此之故，後世之改革家、維新派皆喜以經今文學之公羊學爲其張目，康梁即是顯例。

蔣慶欲會通中西政治哲學以圖新變之思路倒確爲治經之正道，但其說多有悠謬不經之處，書生迂闊之談，最顯著者乃其"有中國特色的三權分立制"構想。照他的設想，未來的議會應由"民院"、"儒院"和"君院"三院組成，分別代表民意、天道和傳統。三院具有平等的憲法地位，任何法案必須在三院都通過始得成爲法律。例如，假使民院迫於某些選民的壓力通過了將同性戀合法化的方案，儒院可以出於天道的理由否決之。在這三院中，體現民主願望的民院按一人一票的原則，由民眾選舉產生；體現歷史文化的君院在血緣關係的基礎上由任命產生，選擇任命的範圍包括歷代帝王和聖賢的後裔（如孔子的後裔）；體現儒家聖賢理想的儒院，根據德才兼備的標準，以考試、舉薦和到民間察訪等方式產生。蔣慶所構想之民院、儒院，類似於伊朗當今的政體，民院彷彿伊朗的議院，儒院又像伊朗的憲法委員會（由毛拉們組成），議院通過的決議沒有委員會的背書全都不作數，甚至議員的身分也得委員會說了算。而委員會的成員基於某種民主之外的資格體制產生。

我以爲，民院之設倒還罷了，君院之設簡直就是新版血統論和世襲制，實有違古公羊家非世卿之旨（"譏世卿"，"世卿非禮也"），而欲以儒院之天道原則壓制民院之人欲訴求，則分明是"存天理、滅人欲"之說的翻版亮相。要言之，蔣慶的三院制構想實欲燴西方民主政治、封建貴族制、原始儒學與程朱理學於一爐，頗有不倫不類之感，甚至不無開歷史倒車之嫌，尤其是考慮到他那種試圖將天理人欲之辨制度化的構想。程朱主張"以理制欲"，其所謂"天理"，乃宇宙本體及其所派生之道德本體，太炎先生釋之爲"自然之理"[2]，此道德本體在功能上相當於柏拉圖所說的"善本身"，但內涵卻不盡相似。柏拉圖在其道德哲學中並不排斥欲望，他只是區分了"必要的欲望"與"不必要的欲望"，並主張克制"不必要的欲望"。[3]清儒戴震所謂"理在欲中"[4]，可以翻譯成"善本身"存在於"必要的欲望"之中，也就是"饑來即食，困來即眠"，也就是"劈水擔柴，無非妙道"。道不遠人，道在家常日用之中，也在食色本性之中。在戴震之後，在人道主義啓蒙之後，仍有"存天理、滅人欲"之念，豈非有開歷史倒車之嫌？

不過，蔣慶的三院制構想雖然近於書齋空想，但他試圖整合儒家思想與自由民主政制的用心還是值得肯定的，這至少比"打倒孔家店"之類的單向思維或"祭孔大典"之類的文化作秀還是要高明多了。我以爲，自由民主理念乃今人治經而欲致用之思想前提，離乎此，則整理國故之舉實無補於舊邦之維新；離乎此，則回溯古學以求新變則不過是爲學術而學術的奢侈追求。

自由民主理念的核心價值有三，1）人權，首先是自然權利，關於人欲的合法性論證當以此爲前提，2）平等精神和公民參政，3）自由意志與公平競爭，此三類核心價值實爲人類通向理想生存之精神護法，傳統文化之現代轉化當以傳統思想能否與此三類核

---

2 章太炎《國學概論》，香港：三聯書店，2001，頁 65。
3 柏拉圖《理想國》（郭斌和等譯），北京：商務印書館，頁 334。
4 戴震《孟子字義疏證》"性"第二條。

心價值完成整合爲標誌。換言之，在精神傳承與發展層面，我主
張用自由民主理念所蘊涵的核心價值、乃至普世價值審察並轉化
傳統理念，轉化是關鍵，其特徵就是中西方相關治道之思想依據
的整合，比如西方目前出現的社群主義就可以說是自由主義原則
和儒家式的親親 —— 仁民原則的整合，至於具體的治術可以留給
實踐者來操辦。或問，即有此 "西來大意"，還通經作甚？此誠
淺人妄見也。一部西風東漸史表明，若完全脫離傳統文化而引入
西方的人文理念，必將因其無根性而失去生命力。此外，自由民
主政制亦有其與生俱來的缺陷。柏拉圖區分了五種政治模式，其
中兩種分別是民主政治和僭主政治（相當於極權政治），他認爲極
端自由的結果就是極端奴役。[5]這就意味著，當我們奉 "民主" 爲
美好價值的同時，應當注意到其弊端就是過份自由導致的無政府
化及隨之出現的極權統治，對於自由、人權等觀念我們也同樣要
保持反思意識。基於以上原因，所以要言轉化，所以要化合中西
以成 "新文化"。我輩依然走在 "新文化運動" 的路上，此路之
終端乃融和中西方人文理想之新大同世。身爲人文學者而無此目
的論意向，只是一爲學術而學術的當代經生而已。

　　以例言之，由臣民而公民，由臣民意識而進於公民意識，即
是以自由民主理念改造傳統文化之一端。"普天之下，莫非王
臣"，"君要臣死，臣不得不死"，以及三綱五常中所謂 "君爲
臣綱"，均傳達並強化著天下人不爲芻狗、便爲臣民的觀念，此
種觀念積澱爲集體無意識，派生出個人崇拜、官本位、長官意志
等一系列毒素，迄今仍左右著部分中國人的思維方式，更有一班

5　柏拉圖《理想國》，頁 342。

不肖者試圖以改頭換面之術推行以百姓爲臣民的觀念，此種對傳統思想之“轉化”實爲一大禍害，一度流行坊間、爲專制“明君”高唱讚歌之清宮劇，即是其通俗版。現代化的一大指標是公民社會的建立，中國欲真正建立起公民社會，則臣民意識必須代之以公民意識，自由意志必須得到伸張，公民參政必須得到制度化的保障，但不是蔣慶式的三權分立。

二、戴震的“理欲”說及其與現代性謀劃的相容性

　　劉小楓以爲，所謂“現代性”方案是在西方社會 —— 文化的歷史演化中出現的，即便追求不同於西方的現代性方案，這種追求或思考已然接受了現代性本身的正當性。因爲方案本身是什麼，似乎沒有什麼爭議，這就是英國、美國、法國革命帶來的政治消息 —— 君主帝國必須改制爲民主政制。所謂無休無止的試驗，只能是自由民主政制這一方案中去試驗。[6]

　　劉氏此論實有廓清眾議之效，樸素而精準。至少我本人是無保留地認同“自由民主政制”的確立乃中國社會現代化之途的終極目標。至於西方面臨的所謂“後現代困境”，固然可以引之爲鑒鏡，但絕不能就此因噎廢食。誠如劉小楓所言，現代性本身的正當性，以及作爲現代性之制度體現的自由民主政制的正當性，已然得到廣泛認同，只是如何在各國的具體社會文化背景下實現現代轉化，從而建立起自由民主政體，才是一個爭議叢出、而且並無標準答案的問題。劉小楓所謂“無休無止的試驗”，當是有見於此而慨乎言之。

---

6 劉小楓《多元的抑或政治的現代性》，《二十一世紀》（香港），2001 年 8 月第66 期。

　　林毓生以為，中國傳統裏並無民主的觀念和制度，也沒有建立起外在的自由制度。但他同時認為，儒家的民本思想雖然本質上不同於主權在民的現代民主觀念，卻可以和後者相"接枝"；而儒家思想所蘊涵的豐沛的內在自由的資源，也足以作為自由主義的道德基礎。換言之，儒家思想經過"創造性轉化"，可以成為發展自由民主的思想基礎。[7]不過，儒家思想浩如煙海，泛泛而言轉化，難免有無從措手之二感，更不免為學空疏之譏。我以為，如果欲使儒家思想的"創造性轉化"落到實處，當擇取儒學中較開明之一家一派之學，以與自然權利、平等精神、公民參與、自由意志、公平競爭、以法主治（rule of law）等自由民主政制的核心價值相會通。事實上，傳統中國讓人最痛心的一件事就是許多開明的思想得不到踐行，就思想本身而言，其實足以與歐西道德哲學相抗衡。清儒戴震的義理之學即是顯例。

　　戴震（東原）所著《孟子字義疏證》、《原善》等義理之書，肯定了人欲的積極意義，並強調理想的統治模式應以"體民之情，遂民之欲"為目標，並以"欲遂其生，亦遂人之生"重新詮釋了"仁"這一儒家倫理範疇。我個人非常欣賞這一觀點，因其近情切理，且能一掃偽善之風，並有助於遂生之道的暢達。人皆有私心、私欲，私有制也好，私產入憲也好，我以為不能排除設計者充分正視人性的弱點、並試圖建構起一套有效維護與制約機制的美好理想。私欲、私有財產這些範疇其實都是和人的自然權利不可分割的，除非人類真得像尼采所設想的那樣進化為"超人"，否則，一種合理的、理想的社會制度必然要尊重和正視人

7　林毓生《中國傳統的創造性轉化》，三聯書店，1988，頁 283-294。

的種種自然欲望。

　　戴震論“性”，以爲孟子正名爲指歸，力證其與老釋、荀揚、程朱性論之別（亦兼涉陸王），並承明儒羅欽順“義理乃在氣質之中”、“欲當即理”之論，而主“理在欲中”之說[8]。然述中有作，其剖分血氣心知之“自然”與理義之“必然”，並以“歸於必然，適完其必然”作結之論，即是新發明：

> “欲者，血氣之自然，其好是懿德也，心知之自然，此孟子所以言性善。心知之自然，未有不悅理義者，未能盡得理合義耳。由血氣之自然，而審察之，以知其必然，是之謂理義；自然之與必然，非二事也。就其自然，明之盡而無幾微之失焉，是其必然也。如是而後無憾，如是而後安，是乃自然之極則。若任其自然而流於失，轉喪其自然，而非自然也；故歸於必然，適完其自然。夫人之生也，血氣心知而已矣。老、莊、釋氏見常人任其血氣之自然之不可，而一以養其心知之自然；於心知之自然謂之性，血氣之自然謂之欲，說雖巧變，要不過分血氣心知為二本。荀子見常人之心知，而以禮義為聖心：見常人任其血氣心知之自然之不可，而進以禮義之必然；於血氣心知之自然謂之性，於禮義之必然謂之教；合血氣心知為一本矣，而不得禮義之本。程子、朱子見常人任其血氣心知之自然之不可，而進以理之必然；於血氣心知之自然謂之氣質，於理之必然謂之性，亦合血氣心知為一本矣，而更增一本。分血氣心知為二本者，程子斥之曰「異端本心」，而其增一本也，則

---

8 章太炎《國學概論》，頁72。

曰「吾儒本天。」如其說，是心之為心，人也，非天也；性之為性，天也，非人也。以天別於人，實以性為別於人也。人之為人，性之為性，判若彼此，自程子、朱子始，告子言「以人為仁義，猶以杞柳為桮棬」，孟子必辨之，為其戕賊一物而為之也，況判若彼此，豈有不戕賊者哉！"[9]

"人之血氣心知，原於天地之化者也。有血氣，則所資以養其血氣者，聲、色、臭、味是也。有心知，則知有父子，有昆弟，有夫婦，而不止於一家之親也，於是又知有君臣，有朋友；五者之倫，相親相為治，則隨感而應為喜、怒、哀、樂。合聲、色、臭、味之欲，喜、怒、哀、樂之情，而人道備。欲根於血氣，故曰性也，而有所限而不可踰，則命之謂也。仁義禮智之懿，不能盡人如一者，限於生初，所謂命也，而皆可以擴而充之，則人之性也。謂猶雲藉口於性耳；君子不借藉口於性，以逞其欲，不藉口於命之限之，而不盡其材。後儒未詳審文義，失孟子立言之指。不謂性，非不謂之性，不謂命，非不謂之命。由此言之，孟子之所謂性，即口之於味、目之於色、耳之於聲、鼻之於臭、四肢於安佚之為性；所謂人無有不善，即能知其限而不踰之為善，即血氣心知能底於無失之為善；所謂仁義禮智，即以名其血氣心知，所謂原於天地之化者之能協於天地之德也。此荀、揚之所未達，而老、莊、告子、釋氏昧焉，而妄為穿鑿者也。"[10]

戴震以"血氣"為聲、色、臭、味之欲之所根，類乎西人所

---

9 戴震《孟子字義疏證》"理"第十五條。
10 戴震《孟子字義疏證》"性"第九條。

謂欲望、生理本能；又以"心知"爲喜、怒、哀、樂之情之所根，亦即人倫之情所從出，且能由審察"自然"知所謂"必然"，實兼西人所謂感性與知性於一體。

孟子以爲，人之有四端，理義之悅我心，即爲性善。而口耳目皆有所同嗜，亦不得不謂之性。然性之欲（好色好貨）與性之德（仁義）將如何貫通以不悖性善之論，孟子似未有所論，或者竟可以視爲孟子性論中未解之難題。戴震則以自然合於必然之論，化解了此一難題。蓋性之欲與性之德之悖論，實即人之四端與好色好貨之欲的對立，若孟子所謂性，只是指此仁義禮智之心，則其性善之論未爲非，然終未能調和二者之矛盾。戴震亦言性善，卻不棄好色好貨之欲，而以自然 ── 必然之框架容納之，可謂切近事理而立論高明。戴子性論，有取乎告子（"生之謂性"），終歸於孟子，然亦於其框架內令孟、告之爭得一和解。

有人評孟告之爭說，此時告子的心裏一片漆黑。他還說凡從邏輯上指出孟子論證錯誤的人的內心都是一片漆黑。此言未免苛酷。《易系辭》曰，"天地之大德曰生"，告子論性，以貴生爲取向，可說是相當的人道，豈可視之爲內心陰暗？戴子注孟，雖不免重孟而輕告，但其理欲說，實有取乎告子之論。此一點並不難解，因戴子之世，理學空論已爲實學思潮（照我看，可分兩支，一是實證之學，如訓詁考據之類；一是實用之學，如論水利、鹽政之類）所湮沒，且戴子出生低下，深體民情，故其學特重"厚生"，特重"常情"。

朱子以血氣心知之自然謂之氣質，於理之必然謂之性，即所謂"性即理"，固不同於孟子合血氣、心知以爲性：好色爲性，能知其所限，即爲性善；而心知之自然，未有不悅理義，亦爲性

善。王文成曰："心之體,性也。性即理也。故有孝親之心,即
有孝之理;無孝親之心,即無孝之理矣。有忠君之心,即有忠之
理;無忠君之心,即無忠之理矣。理豈外於吾心耶?"[11]又云,
良知之體如明鏡,隨物見形,而不為所染。[12]蓋以程朱、釋家之
言言性善矣。其不同於戴震所謂兼欲、情而人道備之論,亦明矣。

　　戴震以為朱子形上 —— 形下之辯為二本論,其自然 —— 必然
之說為一本論,即合對立二元為一體,類天人合一、道成肉身之
和解性思式,確不同於中西經驗 —— 先驗(或超驗)之對抗性思
式。用今之時髦語詮解之,則戴震之自然進於必然,理在欲中之
說,即視彼岸即在此岸,無所謂超離,無所謂超度。然不可謂無
超越,其超越之途,即所謂"內在超越"。既是內在超越,該是
同一系統內(如心性結構)之超拔,由血氣之自然而上達理義之
必然,正是同一系統內之超拔。不同於康德、釋氏之超越,其理
易明。一者為超離經驗(中有是否返而駕馭經驗之別),一者為抵
達彼岸,此二義皆不合原始儒學,更不合戴震自然 —— 必然之辨。

　　儒學以可欲的聖人為參照,西學以超驗的上帝為參照。上帝
世俗化為自然法和憲政總統。有人或由此推論說,戴震所肯定的
"性之欲"並不能和人的自然權利相提並論,因西人所謂自然權
利有其神學背景。此說似是而非,因"天賦人權"之"天",在
西方是上帝,在戴震則是氣化流行之天,戴震由血氣心知之"自
然"推出仁義之"必然",並強調"理在欲中",理氣不二,其
實就是肯定了"性之欲"的天然正當性。

　　戴震釋"理"云:

11　王陽明《答顧東橋書》,《傳習錄》卷中。
12　王陽明《答陸原靜書》,《傳習錄》卷中。

"理者，察之而幾微必區以別之名也，是故謂之分理；在物之質，曰肌理，曰腠理，曰文理【亦曰文縷。理、縷，語之轉耳。】。得其分則有條而不紊，謂之條理。孟子稱「孔子之謂集大成」曰：「始條理者，智之事也；終條理者，聖之事也。」聖智至孔子而極其盛，不過舉條理以言之而已矣。易曰：「易簡而天下之理得。」自乾坤言，故不曰「仁智」而曰「易簡」。「以易知」，知一於仁愛平恕也；「以簡能」，能一於行所無事也。「易則易知，易知則有親，有親則可久，可久則賢人之德」，若是者，仁也；「簡則易從，易從則有功，有功則可大，可大則賢人之業」，若是者，智也；天下事情，條分縷（晰）〔析〕，以仁且智當之，豈或爽失幾微哉！中庸曰：「文理密察，足以有別也。」樂記曰：「樂者，通倫理者也。」鄭康成注雲：「理，分也。」許叔重說文解字序曰：「知分理之可相別異也。」古人所謂理，未有如後儒之所謂理者矣。"[13]

《易繫辭》謂，"幾者，動之微，吉凶之先見者。君子見幾而作。……君子知微知彰，知柔知剛，萬夫之望。"，又謂，"夫《易》彰往而察來，而微顯闡幽，開而當名，辨物正言，斷辭則備矣。其稱名也小，其取類也大。"對照疏證開篇所謂"理者，察之而幾微必區以別之名也"，其措辭、思路俱相近，則"幾微"之"幾"當解作"動之微"，"幾微"之"微"則可解作"微之靜者，常者"，或者"幾微"乾脆就是"動之微"之意。由此可以推論，"理"就是事物變化的規律和根本區別，因其隱而不彰，

---

13 戴震《孟子字義疏證》"理"第一條。

故須君子精以察之。戴震於後文中尚以"情之不爽失"為
"理"，套用牟宗三性體、心體之辨，則"察之而幾微"之"分
理"乃性體之理，"情之不爽失"之理為心體之理。性體不限於
人，而心體可獨限於人，所謂道德自主性是也。"情之不爽失"
云云，自也是道德自主性之一端。

　　再者，若理即"分"也，則倫理系指人倫關係之區分。人各
得其分而有條不紊，即為合"理"之人倫秩序。智者知萬物有別
之實然，仁者知仁愛平恕之應然，故曰始於條理者，智之事也，
終於條理者，聖之事也。從智者之事到仁者之事乃天人合一之關
鍵點，按康德的說法，即是必然領域與自由領域合一的問題，沒
有這個合一，天人談不上合一。牟宗三以為，天人合一分兩個層
次，一是超越的內在化（即天命下貫為性），一是內在的超越化（即
以人心印證天道），這裏牽涉到天之道與人之性的區隔和圓融，合
天人者，道成肉身是也。其所謂天，為客觀之天，即"生化流行"
者是也，近戴震之論。[14]就本體論而言，戴震實持一樸素的自然
哲學觀，在他眼中，宇宙之本體，不外一陰一陽，氣化流行，所
以他說，"道猶行也"。以我之見，在戴子的義理之學中，道才
是體，合"道"者為得"理"，所謂"情之不爽失"者是也，所
謂"行其所無事"（孟子）、由自然而必然者是也。

　　不過，戴震之倡言"情之不爽失"及"遂民之欲"，並不是
主張放縱情欲，他同時還強調"節而不過"[15]，並區分了欲之"正
邪"。朱子主張"滅人欲"，但他要滅的人欲，不是飲食男女、

14　林同奇等《牟宗三天人理境中的動態、張力、與悲劇感》，《九州學林》（香
　　港），2005 年秋季卷。
15　戴震《孟子字義疏證》"理"第十條。

懷生畏死等"性之欲",而是欲之私,也就是過度的欲望;此外,他還要滅了不推己及人之私欲,比如,朱子在釋《孟子》"梁惠王"篇時寬容地說,好色、好貨皆人之"常情",但不能只許自己好色、好貨,而非議、遏制別人的好色、好貨,也就是要與民同樂,才能王天下。[16]至於"滅人欲"和"遏人欲"之別,只要從避免欲之私這個立意著眼,就並無實質的區別,遏制的是欲從中庸轉為過度的傾向,滅的是過度之欲。戴震的欲之邪正之辨同此,他所謂邪欲,即是指過度的欲望,這與公德與私德之辨不同,關鍵在於把握好尺度,認識到欲不可過度並不難,但要在實踐中時時把握好這個度,也就是善權知變,可非有"聖智"不可,按戴震的說法,"一以貫之"非"以一貫之",這個有圓照通透之識的"聖智"就是能夠統攝雜多現象("跡")的"一","吾道一以貫之",也就是以聖智泛應萬物而曲當。[17]所謂極高明而道中庸,由此可以解作以聖智("極高明")應對萬物,權之度之而合於中正("道中庸")。

"遂民之欲"濟之以"節而不過"之說,可以從不同角度轉化成現代性言述,其中之一即是:"普遍自由的第一個條件就是一定程度的普遍限制"[18],而後者在我看來正是自由主義的真義。當然,"遂民之欲"者可以是獨裁君王,也可以是憲政框架內的總統,但無論是民主政治還是獨裁政治,恐怕都得有一個自上而下的管理架構,也就總有一個最高權力的擁有者,差別在於,在自由民主政制體系內,還有一個自下而上的選舉、監督機制。

---

16 朱熹《四書章句集注》"梁惠王章句下"。
17 戴震《孟子字義疏證》"權"第二條。
18 霍布豪斯《自由主義》(朱曾汶譯),北京:商務印書館,1996,頁9。

三、欲興儒學，必倡戴震之學

　　有學者以爲，對於已經置身在現代性中的中國人來說，新的倫理生活必然要和現實的歷史境遇相適應才是可能的，從這個意義上說，儒家的傳統倫理觀念和實踐確乎不能作爲這樣的一種新的倫理生活的基礎，因爲傳統的生活世界不在了，與特定的倫理關係相應的制度和習俗消失或萎縮了。所以，創制是一種必須，而作爲這種創制根本載體的現代民族國家已經通過鬥爭實現了。這一看法有道著處，也有未道著處，儒家傳統倫理觀念中還是存在普世價值的，比如恕道，孝親，己欲立而立人，體情遂欲，尙血氣心知之自然，等等。問題的關鍵是，我們是將儒家傳統倫理觀念中的普世價值作爲現代人個人修養的德性訴求，還是將其納入現代性的制度建設之中？

　　當然，儒家倫理這個提法其實是空泛了些，因爲可以有作爲共性的儒家倫理，也可以有體一分殊的不同儒家倫理流派，原始儒學和程朱的就不一樣，程朱的就和陸王不一樣，陸王的又和戴震的不一樣，至少從戴震的倫理思想來看，儒家倫理未必都是建立在道德理想之上，或者說性即理這種認識之上的，戴震就主張順應人欲之自然而生發出理義之必然，在我看來，這是一種具有現代性色彩的儒家倫理思想，它突出了道德的自主性、人格的自主性和人性在情欲遂達上的合理性，與當今的普世價值有更大的相容性。如前所述，戴震以“體民之情，遂民之欲”爲理想政制模式的目標，並以“欲遂其生，亦遂人之生”重新詮釋了“仁”這一儒家倫理範疇。在他看來，血氣心知之性乃自然之性（含人性，物性），懷生畏死、飲食男女、感於物而動，皆自然之性，惻隱、羞惡、辭讓、是非之心皆出之於自然之性，所以他說，“使無懷生畏死之心，又焉有怵惕惻隱之心？”而惻隱、羞惡、辭讓、是非之心分別為仁、義、禮、智之始，而仁、義、禮、智即為“懿德”，即為“必然”（應然）之訴求。歸於“必然”，即合於“理”，此所謂“理在欲中”。而歸於必然，又可以使自然之性發揮至極致。換言之，應然之規範並非外在、超然於自然之性，而是衍生於自然之性，並引導自然之性有一合度、充分之發揮。

近現代以來，西方社會以憲法的形式保護個人的斂財行為。斂財是否正當？這在孔孟那兒都是沒有疑義的，所謂君子愛財，取之有道，所謂好色好貨，人之“常情”，也就是說愛財好貨乃人之本性，具有自然正當性（可托之天，可托之人格神），關鍵在於怎麼斂財？怎麼再分配社會財富？這裏就有個應不應當的考量，所以也就無法逃脫倫理道德之維的干預，羅爾斯和諾齊克這兩位當代西方倫理學大家爭了半天，不就是在如何進行社會財富再分配才是正義的這個問題上發生衝突嗎？羅氏提倡“作為公平的正義”，其實不過是要從資本家聚斂的財富中分一點出來補償給窮人，諾齊克就不答應了，他反擊說，總不能因為別人眼瞎，就把自己的眼珠分一個給他。如此說來，諾齊克倒是一個新貴族主義者，頗有點只認死理的顢頇，羅爾斯則大有憂國憂民的“國是顧問”的派頭，老是計算著怎麼才能避免個人或財團的斂財行為破壞了資本主義特色的“和諧社會”。羅爾斯和諾齊克的這場爭論其實大可用戴震的“自然歸於必然”之說來調解：自己賺的錢不捨得給別人是人的“自然之性”，可是“自然之性”如果不能受“理義之必然”的引導而使各階層的關係趨於和諧狀態，則自然之性就得不到充分發揮的空間。誠如戴震所言，“使無懷生畏死之心，又焉有怵惕惻隱之心？"，有錢階級讓渡部分財富給窮人的"義舉"，說到底還是出於喪失已有財富的恐懼。進而論之，合理地再分配社會財富、社會資本以求得各階層的共贏共存，其實就是"欲遂其生，亦遂人之生"這一新仁學境界的具體實踐。我們由此可以看到戴震的儒學新思維或者說新仁學思想在現代社會的理論生命力，我們既可以執之以觀中西倫理學之會通，亦可藉以型構人道、寬容、共贏的現代性倫理秩序。

另需說明的是，儒家倫理在現代語境中的實際轉化情形及其在"百姓日用而不知"的經驗狀態中的呈現，恰恰是現代儒學研究的薄弱之處，而面向儒家倫理現代變遷的倫理 —— 敘事研究將助於彌補這一缺陷。換言之，儒家倫理現代命運的抽象思考也應當著落在道德經驗生活史的層面。

儒家倫理在理論形態上無疑是一個龐雜的構成，原始儒學，漢學，宋學，清學各有其面貌，且在每一個階段也都有保守和開明之別，戴震就屬於清學中的開明派。遺憾的是，開明派的觀點往往不占主流，只是一個儒學知識人基於良知與求真意志的邊緣化思考罷了。林毓生以為，道德的自主性乃是自由主義的主要觀念，這是康德所強調的，也是儒學之所長，所謂"我欲仁，斯仁至矣"，所以他以為，儒學中是自由主義的基礎（但沒有發展）的[19]，我很認同這個說法。而傳統中國讓人最痛心的一件事就是許多開明的思想得不到踐行，就思想本身而言，其實足以與西哲相抗衡。而在經驗層面或者說文化霸權的操弄與百姓日用層面，儒家倫理也許不過是仁心仁術、忠孝節義、守信重禮、親親敬長

19 林毓生《中國傳統的創造性轉化》，三聯書店，1988，頁 283-294。

那一套。所以對儒家倫理現代變遷的研究可從兩路進發，一是考察儒家倫理思想的現代轉化，這方面的工作已有很多人在做，杜維明等學者是其中代表，二是考察儒家倫理意識在經驗狀態中的演變，這方面的工作還未成氣候，因此，研判儒家倫理思想（如戴震倫理思想）與自由民主思想的衝突和相容性，以及兩者在經驗狀態中共存和整合的可能性，確是現代性這一未竟之業中的基礎性工作。本研究報告的思考不過是這一基礎性工作中的一種嘗試而已。

參考文獻

1、文學與敘事學

劉恒自選集，劉恒著，作家出版社，1993。

張愛玲蘇青散文精粹，沈小蘭等選編，花城出版社，1994。

傳奇，張愛玲著，中國青年出版社，百年百種優秀中國文學圖書，
　2000。

王朔文集，王朔著，雲南人民出版社，2004。

中國當代文學概觀，張鐘等著，北京大學出版社，2002。

敘事話語新敘事話語，熱拉爾·熱奈特著，王文融譯，中國社會科
　學出版社，1990。

敘述學與小說文體學研究，申丹著，北京大學出版社，2001。

新敘事學，赫爾曼主編，馬海良譯，北京大學出版社，2002。

解讀敘事，米勒著，申丹譯，北京大學出版社，2002。

作爲修辭的敘事，費倫著，陳永國譯，北京大學出版社，2002。

虛構的權威：女性作家與敘述聲音，蘭瑟著，黃必康譯，北京大
　學出版社，2002。

中國文學研究的現代化進程，王瑤主編，北京大學出版社，1996。

中國現代文學史，朱棟霖等主編，高等教育出版社，1999。

中國當代文學史，洪子誠著，北京大學出版社，1999。

文藝學百年，陳傳才主編，北京出版社，1999。

中國近代文學之變遷；最近三十年中國文學史，陳子展著，上海
　古籍出版社，2000。

2、中西方倫理學

理想國，柏拉圖著，郭斌和等譯，商務印書館，1986。
道德情操論，亞當‧斯密著，蔣自強等譯，商務印書館，1997。
倫理學導論，梯利著，何意譯，廣西師範大學出版社，2002。
實踐理性批判，康德著，鄧曉芒譯，人民出版社，2003。
尋求普世倫理，萬俊人著，商務印書館，2001。
現代西方倫理學史，萬俊人著，北京大學出版社，1990。
沉重的肉身，劉小楓著，上海人民出版社，1999。
十三經注疏，【清】阮元校刻，中華書局，1980。
十三經概論，蔣伯潛著，上海古籍出版社，1983。
經學歷史，【清】皮錫瑞著，中華書局，1959。
漢學師承記、宋學淵源記，【清】江藩著，上海書店，1983。
周予同經學史論著選集，上海人民出版社，1983。
群經要義，陳克明著，東方出版社，1996。
四書章句集注，【宋】朱熹著，齊魯書社，1992。
孟子字義疏證，【清】戴震著，何文光整理，1961。
孟子正義，【清】焦循著，中華書局，1987。
春秋左傳注（修訂本），楊伯峻編著，中華書局，1990。
周易譯注，周振甫著，中華書局，1991。
中國傳統的創造性轉化，林毓生著，三聯書店，1988。
中國倫理學史，陳少峰著，北京大學出版社，1996。
現代精神與儒家傳統，杜維明著，三聯書店，1997。

中華人文與當今世界補編，唐君毅著，廣西師範大學出版社，2005。

現代儒學的回顧與展望，余英時著，三聯書店，2005。

倫理思想的突破，韋政通著，中國人民大學出版社，2005。

3、中國學術文化史

歐化東漸史，張星烺著，商務印刷書館，1933。

梁啟超論清學史，復旦大學出版社，1985。

中國學術思想史隨筆，曹聚仁著，1986。

五四前後東西文化問題論戰文選，陳崧編，1989。

胡適學術文集 —— 中國哲學史，中華書局，1991。

中國現代化歷程的探索，羅榮渠等編，北京大學出版社，1992。

吳宓與陳寅恪，吳學昭著，清華大學出版社，1992。

陳寅恪史學論文選集，上海古籍出版社，1992。

晚清國粹派 —— 文化思想研究，鄭師渠著，北師大出版社，1993。

國學講演錄，章太炎著，華師大出版社，1995。

中國學術史講話，楊東蓴著，東方出版社，1996。

求索真文明：晚清學術史論，朱維錚著，上海古籍出版社，1996。

國學概論，錢穆著，商務印書館，1997。

西潮，蔣夢麟著，遼寧教育出版社，1997。

陳寅恪先生史學述略稿，王永興著，北京大學出版社，1998。

現代性社會理論緒論：現代性與現代中國，劉小楓著，上海三聯書店，1998。

中國現代學術之建立：以章太炎、胡適之為中心，陳平原著，北京大學出版社，1998。

徘徊在現代與後現代之間,李歐梵著,上海三聯書店,2000。

4、哲學、政治學

政府論,洛克著,葉啓芳等譯,商務印書館,1964。

新科學,維柯著,朱光潛譯,商務出版社,1989。

瘋癲與文明,傅柯著,劉北成、楊遠嬰譯,臺北桂冠圖書公司, 1992。

自由主義,霍布豪斯著,朱曾汶譯,商務出版社,1996。

哲學研究,維特根斯坦著,成維杭譯,北京:商務印書館,1996。

哲學史教程,文德爾班著,羅達仁譯,商務印書館,1996。

海德格爾選集,孫周興選編,上海三聯書店,1996。

林中路,海德格爾著,孫周興譯,上海譯文出版社,1997。

自由與社群,劉軍寧等編,北京三聯書店,1998。

開放社會科學,華勒斯坦等著,劉鋒譯,三聯書店,1997。

開放社會及其敵人,卡爾·波普爾著,陸衡等譯,中國社會科學 出版社,1999。

思想方式,阿爾弗萊德·懷特海著,韓東暉等譯,華夏出版社, 1999。

5、英文文獻

Adventures of Ideas, Alfred North Whitehead, New York: The Free Press, 1967.

Objective Knowledge: An Evolutionary Approach, Karl Popper, Oxford University Press, 1972.

The Nicomachean Ethics, Aristotle, translated with commentaries

Glossary by Hippocrates G. Apostle, Holland: D.Reidel Publishing Company, 1975.

Truth and Method, Hans-Georg Gadamer, eds. Garrett Barden and John Cumming, New York: Crossroad Publishing Company, 1975.

The Essential Tension: Selected Studies in Scientific Tradition and Change, Thomas S. Kuhn, University of Chicago Press, 1979.

Power/ Knowledge: Selected Interviews & Other Writings (1972-1977), Michel Foucault, ed. Colin Gordon, trans. Colin Gordon etc., New York: Pantheon Books, 1980.

Margins of Philosophy, Jacques Derrida, trans. Allen Bass, Chicago: University of Chicago Press, 1982.

Literary Theory: An Introduction, Terry Eagleton, Minneapolis: University of Minnesota Press, 1983.

Alasdair MacIntyre, After Virtue : A Study in Moral Theory, Indiana : the University of Notre Dame Press, 1984.

The American Intellectual Tradition, Volume II, eds. David A.Hollinger etc., Oxford University Press, 1989.

The Two Cultures and a Second Look, C.P.Snow, Cambridge University Press, 1992.

The Rise and Fall of the American Left, John Patrick Diggins, New York and London: W. W. Norton & Company, 1992.

Virtues & Practices in the Christian Tradition, eds. Nancy Murphy etc., Pennsylvania: Trinity Press International, 1997.

Bertrand Russell, History of Western Philosophy, New York: Routledge, reprinted in 1999.

Art, Alienation and the Humanities, Charles Reitz, State University of New York Press, 2000.

Ethics: An International Journal of Social, Political, and Legal Philosophy, by The University of Chicago Press.

附錄一

以力輔仁與全球倫理：當代
國際政治的人文反思

龔　　剛

　　有人群的地方，就會有矛盾衝突。有矛盾衝突，就會有仲裁者，就會有遊戲規則，進而演化出一整套法律制度和倫理規範，要不然，這個人群大概早就灰飛煙滅了。不同地域、不同歷史時期的法律制度和倫理規範或者存在差異，但其維護"穩定與發展"的基本宗旨卻是恒久不變的。

　　隨著人類交往範圍的擴展，人群之間的矛盾衝突也成為經常性的事件，人們為土地而戰，為麵包而戰，為女人而戰，為權力而戰，為信仰而戰，目的、旗號各有不同，但在對抗形式上卻和小孩搶玩具並沒多大分別，都是由各不相讓演變為暴力相抗，誰氣力大誰就是勝利者。當然，成人之間的衝突比小孩搶玩具的血腥程度是不能同日而語的，所可能造成的災難也隨著文明程度的提高而日益嚴重，以致把人類命運逼到了不妥協就毀滅的臨界點，於是，在歷經無數世代的恩怨情仇之後，"世界政府"的構想出現了，"國際法庭"的形式確立了，"全球倫理"的建構也已初露端倪。這類全球化的制度建設或價值訴求聽起來何其堂皇宏大，但其基本功能不過相當於拆解小孩爭鬥的幼稚園阿姨或寫給監護人看的“入園須知”。

1993 年，來自世界各地的 6500 名宗教界領袖、神學家及其它人士會聚“罪惡之都”芝加哥，召開了第二次世界宗教大會。大會在最後一天公佈了《走向全球倫理宣言》。該宣言宣稱，呼籲建立一種“全球倫理”的基本理由是，我們這個世界正處於苦難之中，而各種難以歷數而又深刻的當代人類苦難之根源或癥結之一，乃是當代人類的道德危機。如果我們還存有一種“人類家庭”的道德意識，那麼，就全人類而言，這種道德危機之深刻已經足以使我們認識到，“沒有新的全球倫理，便沒有新的全球秩序”。這一宣言顯然是在告訴那些自以為能夠主宰全球政局或發展趨勢的政客、軍人和金融大亨們，世界秩序的重建也離不開人文的參與和道德秩序的重建。這和亨廷頓於同年提出的“文明衝突論”在思路上有一致的地方。亨廷頓在他的後冷戰思考中把“文化認同”列為國際衝突的根源之一，這其實也是把世界秩序的重建和一些軟性因素掛上了鉤，並從學理上為國際政治研究與人文思考的整合提供了一個範例。

當前國際政治領域的一個重要話題是“全球治理”（global governance），這一命題其實不過是早期“世界政府”理想的新版亮相。由於生態危機、跨國犯罪、恐怖主義等危及人類生存的重大問題已遠遠超出了一國政權的掌控範圍，也由於人道主義災難、大規模殺傷武器、反人類罪等新湧現的“罪名”對民族國家主權合法性的挑戰，一種超越民族國家之上的“全球治理”模式便成了世界秩序重建的向度之一。我覺得，對“全球治理”的思考理應和"全球倫理"的訴求相會通，而"全球治理"模式的建構也應該以基於人類公共理性和共用性價值觀念的"全球倫理"為價值引導。

　　按照《走向全球倫理宣言》的定義，全球倫理並不是指一種全球的意識形態，也不是指超越一切現存宗教的一種單一的統一的宗教，更不是指用一種宗教來支配所有的宗教，而是指"對一些有約束性的價值觀、一些不可取消的標準和人格態度的一種基本共識"。這樣一種"全球倫理"的訴求無疑是相當低調的，因為它沒有強加於人的意味，沒有西方中心主義的色彩，沒有建構話語霸權的企圖，也沒有過高的道德預期，它只是著眼於尋找那些為各文化圈內的人群所廣泛認同的倫理規範和道德標準，並以之為國際關係及世界秩序的重建所應遵循的準則。這樣一種以"最低限度的基本共識"為前提的全球性倫理規範確實可以說是"一種普遍主義的底線倫理"，它是文化相對主義與文化普遍主義的奇妙結合，體現出通過多元文化對話尋求普世原則以消弭爭端、推動發展的良好願望。

　　從現實功能來看，把全球倫理定位為一種底線原則是一種明智的選擇。因為越是低調、越是符合人情之常的倫理要求，也就越具有可行性或可操作性。為什麼"存天理、滅人欲"、"大公無私"之類道德指令不但收不到預期的正人心、移風俗的效果，反而還助長了偽善之風？道理很簡單，這類道德指令沒有正視人性的複雜性，對人類克服自身弱點的能力有一種盲目的樂觀，因而帶有道德烏托邦的色彩，也就很難轉化為廣泛而自覺的實踐。而無法轉化為廣泛而自覺的實踐的倫理規範或道德指令，無論籠罩著多麼神聖的光環，也無助於世界秩序的重建。

　　我覺得，倫理的應用可以區分爲實用型和自足型兩類。自足型倫理的特徵是以實現道德理想本身爲目的，古人所謂"愼獨"、"獨善其身"，其實說得就是倫理應用的自足性。實用型倫理的特徵是以維護社會的有效運作或重建社會秩序爲目的，道德規範實質上只是一種工具而已。比如，當今中國商界急切呼籲"誠信"德性的複歸，這並不意味著唯利是圖的商人們開始推崇道德理想了，只不過是因爲在市場經濟的運營體制中如果沒有"誠信"德性的保障，往往會導致兩敗俱傷的結果。在這個意義上說，美德也可以成爲一種商業手段，或一種生產力。此外，在這一個案中，中國傳統的"義利之辨"和西方傳統的工具理性／價值理性之辨似乎同時失了效，因爲義和利、工具理性和價值理性似乎交疊在了一起，難分彼此。其實這只是一種似是而非的看法，因爲在這一個案中，義和利、工具理性和價值理性看似合而爲一，但義只是利的工具，價值理性也只是服務於工具理性。因此，經濟學與倫理的關聯也就表現爲兩個層面，一是以"義"爲目的，如經濟學家應該有人文精神云云，一是以"義"爲手段，如經商應該講信義之類。

　　很顯然，以建構"新的全球秩序"爲目標的"全球倫理"如果要切實地發揮作用，就必須首先是一種實用型倫理，否則就不過是一個全球性的道德烏托邦，好看但不中用。換句話說，"全球倫理"不能停留於"獨善其身"式的自足層面，而必須發揮其促成全球良性互動的實際功效。而全球倫理欲發揮其實際功效，確實應以"最低限度的基本共識"爲前提。

　　孔漢思等宗教倫理學家把那些人類共用的道德原則、規範和理念稱爲"金規則"（golden rules），並指出，這些傳統的倫理金規既是人類社會共有的長期有效的"不可取消的和無條件的規則"，也是當代人類建立全球倫理的共同道德資源。比如，孔子認爲可以終身行之的倫理規則"己所不欲，勿施於人"（《論語‧衛靈公》），就可以在全球各大主要宗教中找到相應的表達。《聖經》說，"你們願意人怎樣待你們，你們也要怎樣待人"；伊斯蘭教聖訓說，"你們當中，誰若不想要兄弟得到他自己想要得到的東西，誰就不是信徒"；佛經說，"在我爲不喜不悅者，在人亦如是，我何能以己之不喜不悅加諸他人"。這些相似的倫理戒律表明了人性的相通性，也表明了惟有切中普遍人性的倫理戒律才具有普世性，也才能轉化爲全球倫理。從各大宗教都存在類似於"己所不欲，勿施於人"的倫理觀念可見，人的本性就是很介意別人怎樣對待自己，但不太在意自己怎樣對待別人，因此各大宗教才都會勸諭世人要愛人如己，不要強加於人。此外還可以看到，各大宗教在道德說教方面都非常看重"推己及人"的體證之法，由於這一方法是以調動人的自身感受爲特徵，而無需上升到形而上的高度，也不會陷入邏輯分析的迷宮，因而在推廣倫理道德規範方面，極具實用性。

　　從道德觀念史的角度來看，"己所不欲，勿施於人"之類倫理金規乃是對人與人相處之道也就是人倫秩序的普世規約，如果把它們提升爲民族國家之間、不同種族之間的普世規約，也就成了一種協調國際關係的全球倫理，事實上，諸如"互不侵犯"、"互不干涉"等國際關係準則的倫理依據就是"己所不欲，勿施於人"。如果把這一倫理金規它們進一步拓展爲人與自然之間的普世規約，也就轉換成了一種生態倫理。

　　在當今之世，最有實力破壞全球倫理的是美國，最有實力保障全球倫理的也是美國。從兩次海灣戰爭就能很清楚地看到這一點。第一次海灣戰爭的起因是伊拉克對主權國家科威特的侵略。這種以武力吞併鄰國的行徑，既違背了聯合國憲章，也違背了"己所不欲，勿施於人"的現代國際政治倫理，理所當然地受到聯合國及各主權國家的譴責。但譴責歸譴責，如果沒有足夠的軍事實力制止薩達姆政權的侵略行為，再嚴厲的道義批判也不過是空穀回聲。換言之，以美國為首的聯軍在這次戰爭中可以說是以武力捍衛了道義。第二次海灣戰爭的性質就完全不同了，美國所扮演的角色也發生了根本變化。且不論伊拉克到底有沒有大規模殺傷武器（這一點現在看來越來越像一個永不可解的謎面了），美英聯軍在沒有聯合國授權的情況下出兵伊拉克這一行為本身，就足以動搖以主權國家為主體的世界政治體系和互相尊重主權完整的國際政治倫理。此外，美英以伊拉克擁有大規模殺傷武器為藉口發動侵略戰爭，但他們自己卻是擁有最多大規模殺傷武器的國家，以及美英為了減少自己的損失，在戰爭中狂扔貧鈾彈，根本不管給伊拉克平民帶來的輻射污染等事實，都給這場戰爭打上了"不義"的烙印。

　　孟子說，"以力假仁者霸"，"以德行仁者王"（孟子公孫丑上），又說，"春秋無義戰，彼善於此，則有之矣。征者，上伐下也，敵國不相征也。"（孟子盡心下）很顯然，第一次海灣戰爭可以說是聯合國授權下的"義戰"，帶有"諸侯有罪，天子討而正之"的色彩，因此也可以說是"上伐下"式的垂直衝突，在這次戰爭中，美國扮演的是以力"行"仁的角色，王霸之氣兼備。但第二次海灣戰爭就不同了，由於未得聯合國授權，美英發動的這場戰爭只能說是實力懸殊的敵國之間的平行衝突，在這次戰爭中，美國扮演的是以力"假"仁的角色，也就是以推動中東民主進程爲名維護其地緣政治利益、國家安全利益和經濟利益，十足一副全球霸主的嘴臉。

我因此認爲，全球倫理如果真要成爲"有約束性的價值觀"，並在"全球治理"的系統工程中發揮作用，光靠苦口婆心地說教是沒有用的，必須輔之以"力"，也就是要有實力（包括法治的強力）的支撐。孟子所宣導的"以德行仁"，在春秋時代行不通，在當今國際政治格局中，仍然是一種美好的夢想。那麼，誰是全球倫理的帶刀侍衛？聯合國？本來似乎已經頗有威勢了，但冷不丁被美英晾在一邊，頓時現了原形。美國？這個當今唯一的超級大國確實擁有以力"行"仁的實力，但常常滑到以力"假"仁的軌道上，好像也不甚可靠。看來，人類通向永恆和平的道路依然漫長。

（本文刊發於《跨文化對話》總第 14 輯，2004）

附錄二

從理想國到理想天下："歐亞"概念的哲性、德性內涵評析

龔　　剛

　　美國繞開聯合國攻打伊拉克是新世紀初的重大政治事件，同時也是一個道德事件和一個思想事件。從政治的角度來看，它標誌著一個新帝國的雛形已然浮出歷史地表。從道德的角度來看，它凸顯了國際正義在強權政治刀鋒下的孱弱無力。從思想的角度來看，它意味著對現有世界政治格局的重新認知與對未來世界秩序的理論謀劃已成爲當務之急。

　　趙汀陽先生《"歐亞"概念作爲一個互惠利益最大化的策略》一文正是一篇新帝國陰影下的"操心"之作，它體現了一個中國知識人在全球化視野中的本土利益訴求，也體現了一個抽象知識人對世界政治現狀的憂思和型構一個理想世界秩序的思想意圖。

　　趙汀陽先生首先從知識論的角度介入國際政治之思。在他看來，對世界本質、現狀和未來的認知，不應是一種就事論事的解

釋和在此基礎上對未來發展趨勢的勾畫，而應著眼於理想世界秩序的型構和在此基礎上對現實世界的引導。因此，關於世界的認知，不是一個單純的知識問題，而是與道德和政治問題相一致的，並且是以“改造世界”爲實踐意向的。所以他說，“選擇一個好的世界就是去選擇好的知識。”又說，“至少就人文社會知識而言，‘知識’這一概念強調的不是對世界的‘如實反映’（reflection of）而是‘有效相關’（relevance to）。在新的知識概念中重新構造知識體系是關於世界未來的一種政治責任。”

趙汀陽先生的世界 ── 知識論無疑是對作爲哲學家的知識人參與國際政治思考的一種合法性論證，我們從中可以清晰地聽到柏拉圖“理想國”之思的回聲，也可以感受到康德永恆和平論的道德激情。

一

柏拉圖區分了現象世界和本體世界，並希望以靈魂之眼關照本體世界，從而型構出理想的社會模式，也即“理想國”，他的本體論、真知論都指向對現實城邦的改造和提升，從這個意義上說，他的知識學意義上的本體論是和實踐意義上的政治哲學（含政治倫理）是一體的，用戴震的話說，兩者是“一本”無二的。他的哲人王命題恰恰表明超越的目的正是爲了從一個理想的高度來提升現世，超越和入世也是合一的。這裏就涉及到了所謂何爲超越及超越的意義問題。

我以爲，如色諾芬所謂靈魂的上升，如柏拉圖所謂擁有靈魂的視力，如尼采所謂人類註定是要被超越的（成爲超人），如佛禪所謂超世，如道家所謂復歸自然，都可以說是超越，或著落在智性層面，或著落在生存狀態層面，或著落在心性層面，著落處有所不同，但提升實存的思式是一致的。

人性有所欠然，所以需要超越，在世者有難解之苦痛，所以需要超越（逃遁以安頓性命），智性有所拘執，所以需要超越，文明有所不滿，所以需要超越，自由意志必有所困，所以需要超越，以與天地精神相往來，而得大自在。

佛眼看有爲無，看無爲有，柏拉圖所謂實在世界亦無中生有之境，肉眼看去，只是無相，靈魂視力觀之，又是有相，此形上有相之境，即爲理想國之理式。倘區以別之，則如來之境只是超拔塵世，理想國之理式卻非自在逍遙之境，乃改造現世之楷式。超世用世之別，不可不辨。

在柏拉圖的概念體系中，唯有關於本相的知才稱得上"知識"，也即真知，其他的知（關於現象世界的知）只能稱爲"意見"，也只有欲愛並追求"真知"並具有"靈魂視力"的人才能稱爲哲人或愛智者。擁有真知的目的是引導世人從現實世界走向"理想國"，並引導世人走上由現象世界上達本體世界的"靈魂上升"之路。因此，愛智者同時也應該是一個實踐者，由此引出了"哲人王"的命題。在柏拉圖看來，哲學家是能把握永恆不變事物的人，而其他人都是心靈的盲者，也就是被千差萬別的多樣性搞得迷失了方向的人，他們不知道每一事物的實在，他們的心靈裏沒有任何清晰的"原型"（如"理想國"），所以無法制訂出"關於美、正義和善的法律"，因此，唯有哲學家才有資格出任城邦的領袖。照柏拉圖的標準，一般知識人也不配作帝王，因爲他們雖不是文盲，卻是心靈的盲者，缺乏直達實在世界的"靈魂的視力"，也就無法賦予世界以合理的"形式"與和諧的秩序。

　　柏拉圖進而描述了哲人王的培養過程：二十歲之前，完成音樂、體育、軍事訓練（以培養精神的和諧、強健的心志為目的），完成算學、幾何以及一切凡是在學習辯證法之前必須學習的預備性科目（以培養理性精神為目的）；從二十歲起，把以前分散學習的各種課程內容加以綜合，研究它們相互間的聯繫及它們和事物本質的關係，藉以考察受訓者是否具有"辯證法的天賦"；從三十歲至三十五歲，堅持不斷地學習辯證法；此後十五年，必須在戰爭、公務中接受考驗，以檢測他們是否能在各種誘惑面前堅定不移；到五十歲上，還必須接受最後的考驗，也就是檢測他們是否已具備能洞察"善本身"的靈魂視力，在此基礎上，他們才能以"善本身"為原型管理好國家、公民個人和他們自己，也才能把現實的城邦導向通往"理想國"之路。

　　與此相類似，中國的《禮記》"學記"篇也論述了培養"王者"的教學進程："古之教者，家有塾，黨有庠，術有序。比年入學，中年考校；一年，視離經辨志；三年，視敬業樂群；五年，視博習親師；七年，視論學取友，謂之小成；九年，知類旁通，強立而不反，謂之大成。夫然後足以化民易俗，近者悅服而遠者懷之。此大學之道也。"如果用《學記》的話語模式詮釋柏拉圖的教育思路，則完成"預備性科目"的學業可稱為學有小成，而完成各種課程內容的綜合並掌握辯證法可稱為學有大成，一個辯證法者的特點是能於聯繫中看事物，能看到實在（如善本身），並能不用假設而一直上升到第一原理，而所謂能於聯繫中看事物，也就是善於"知類旁通"，所謂能看到實在，也就是"知道"。

　　趙汀陽先生認為："從具體的意象上說，道是某條道路（相當於 Via），同時，道不僅是一個通達方式，而且總是意味著某個可通達的目標，正如實際上的道路那樣；從抽象的意義上說，道是方法（相當於 Methodos），即關於'道路/通達方式'的元（meta）思考，同樣，方法也不僅是實踐方式，而且還蘊涵了實踐目標。"這就意味著，"知──道"或者"得──道"是關於實踐目的和實踐方式的綜合認知。柏拉圖的哲人──王理念與中國傳統的聖──王理念均要求統治者具有洞見本質（道；善本身）及理想國家的原型（大同世；理想國）並藉以改造現世的能力和強力意志（強力不反；堅定不移）。如果抽掉教化王者的內涵，哲人──王理念與聖──王理念在知識學意義上正是指向對實踐目的和方式的綜合認知。從這個意義上說，趙汀陽先生對國際政治之思的知識學反思，是對中西方即體即用式的古典思式的回歸，所以他說，"現代哲學偏離了哲學原本的正宗道路，無論是在蘇格拉底和柏拉圖的正宗哲學中，還是在孔子和老子的正宗哲學中，知識問題與道德和政治問題都是一致的，知識問題是依附著政治和倫理問題而具有意義的。"

二

不過，趙汀陽先生對理想社會模式的型構並非著眼於改造或提升現象世界中的某一城邦、某一諸侯國、某一王朝國家、某一民族國家，而是以世界秩序的重構為目標的，也就是說，他把柏拉圖式的"理想國"之思拓展為了理想天下之思，他所著重強調的"歐亞"概念則是其理想天下之思中的根基性範疇，他試圖在這個"新的知識概念中重新構造知識體系"，一個以改造現有國際政治格局為出發點的關於理想天下的知識體系。

他指出，目前世界的政治/經濟/文化關係大概可以分析為

Atlantia, Pacificia, Eurasia（大西洋區，太平洋帶，歐亞體）這樣的框架。而前兩種文化合作都不能表達人類文化發展的最優策略，除了有利於美國的世界統治和經濟利益之外，對歐洲和亞洲以至世界的總體利益沒有任何好處。相對而言，Eurasia 概念就是更有潛力的文化概念，因爲這個概念至少蘊涵著一種最大化互惠的文化發展策略。他論證說，歐洲和中國文化都是具有偉大歷史分量的文化，當這兩種完全不同的厚文化（profound culture）傳統相會時能夠產生互相反思能力的最大化發展。而且，有厚文化背景的歐洲和中國屬於同等的文化階級，儘管文化風格非常不同，但都各自擁有永遠值得研究的深刻觀念。這種文化階級上的親和力比家族相似的親和力要更深刻。相比之下，美國大眾商業文化與歐洲傳統文化或者中國文化之間都缺乏這種深層的親和力，缺乏在深層上可交換的文化資源。尤其是，美國文化具有“向下看齊”的文化結構，這種大眾文化對任何其他文化都是破壞性的，因此缺乏文化合作的意義。

很顯然，趙汀陽先生試圖建構的以“歐亞”概念爲根基的“好的知識”體系，是以他對一個“好的世界” —— 亦即理想天下 —— 的靈魂視力爲前提的，或者反過來說，他對理想天下的靈魂視力在“歐亞”概念中得到了顯現。從他目前的思考範圍來說，他主要是從文化角度給我們描述了理想天下的“善好”特徵。他指出，“好的文化”有著“以高貴德性、深刻思想和卓越品質所導向的整體精神境界”，也就是必須有著“向高貴和卓越看齊”的內在結構（可以稱做“柏拉圖結構”），否則生活就必定走向低級趣味和庸俗品性。他把這種文化結構稱做“柏拉圖結構”），作爲其對立面的文化結構則是美國式的“向下看齊”的文化結構。他甚至有些危言聳聽地指出，"美國所製造的大眾庸俗文化在很大程度上腐蝕了世界人民的心靈，毀掉了對高貴、卓越、精緻和深刻的文化追求，再生產了全球性的簡陋心靈和低俗趣味。假如沒有什麼根本性的改變，美國文化將會是對歐洲文化的終結。"

從趙汀陽先生對中、歐"厚文化"與"好的文化"的描述中，我們可以推斷出他對理想天下的文化定位：這應當是一個以精英（貴族）文化為主導的，以高貴的快樂（noble pleasure）為趨尚的世界。這當然不同於柏拉圖對貴族政治的推崇，但在精神實質上卻是一脈相承。趙汀陽先生在一個注腳中透露出了這一資訊，他說，"從蘇格拉底、柏拉圖到亞裏斯多德都看不起民主制度，理由是民主制度不是以卓越品質為追求目標，而以個人自由為目標，這就必定鼓勵了墮落和庸俗的生活。"這就意味著，趙汀陽先生基本上是在柏拉圖揚"貴族政治"而抑"民主政治"的運思邏輯上看待民主制度的，而且他還明確地把民主制度看成是以"簡陋心靈和低俗趣味"為特徵的美式大眾庸俗文化的制度基礎的。這就逼迫趙汀陽先生回答以下問題：何種政治制度可以作為"柏拉圖結構"的護衛者？如何對抗美國文化的"腐蝕"而向全球推行"柏拉圖結構"？顯然，我們不可能因為崇尚貴族文化而開倒車到重建貴族政治的程度，也不可能來一場全球規模的文化"聖戰"，否則就要陷入亨廷頓"文明衝突"論式的對抗性思維了，而這種關於全球政治格局和未來趨勢勾畫的思式正是趙汀陽先生所反對的。如他所說："亨廷頓的論點是一種後冷戰的對世界未來缺乏善意的期待。目前各種文明之間確實存在著某些衝突，這是事實，而且有跡象表明這些衝突還會繼續，因此亨廷頓不是在胡說。可是，僅僅說出一些事實是不夠的，這不是思想，甚至不是一種有意義的期待"。"有意義的思想必須同時是關於未來的一種積極的和善意的理念，如果不能說出希望之所在，那麼又有什麼意義呢？又說它幹什麼？"

<h1 style="text-align:center">三</h1>

可以肯定的是，趙汀陽先生的"歐亞"概念和理想天下之思確是一種"積極的和善意的理念"，其"善意"尤其體現在他所試圖型構的理想天下的德性內涵。我們可以從兩個方面來評述趙汀陽先生理想天下之思的德性內涵：一是扭轉文化與精神領域的"低賤反對高貴"的現代性運動趨向，而使人類的生存復歸於面向至善、高貴與幸福的古典精神；一是將亨廷頓式的文明衝突與持久對抗的"缺乏善意的期待"轉化為康德式的對和平聯盟和永恆和平的道義期許。

關於第一點，趙汀陽先生辯護說，"文化中的品級制度和政治上的等級制度不能相提並論，因為文化的品級制度是一種文化能夠創造出偉大成就的必要制度保證，它保證了文化有著向上追求的生長方式"。我基本認同文化有品級之分這一立論，因為，人不應有貴賤之分，不等於審美價值、文化趣味上沒有高下之分，照此推理，從審美價值、文化趣味的角度對文學或文化文本作高下精粗的區分，也並非是學術思路上的不民主。一個長期浸淫於食色文化（如所謂美式大眾庸俗文化）的人，往往會更多地根據自己的感官感受來判斷，來取捨。由於感官感受是非理性的、無深度的，基於感官感受所作的判斷或取捨，便難免隨意和膚淺之嫌。法蘭克福學派代表人物之一的本雅明曾試圖用"aura"（在不同譯者筆下，它被譯成了"氣韻"、"光暈"、"輝光"等）一詞描述精英（貴族）文化區別於大眾庸俗文化的決定性要素。那末，什麼是"Aura"呢？它是樹葉縫隙中閃爍的陽光，它是冰峰折射的夕陽之光，如果非要作出具體解釋，我們可以說這是高貴精神的顯靈。柏拉圖將靈魂區分為理性、激情、欲望三部分，在他看來，一個嚮往以高貴精神為內涵的美好生存並具有靈魂視力的人的痛苦主要在於他清醒地意識到人性的"欠然"，或者說是獸性的不可根除，他必須"節制"自己的欲望（其極致就是"瘋狂的性欲"），而"節制"是一種高度的緊張和衝突，也就是痛苦的根源。內在節制的外化就是法律，法律是自由意志的前提，所以柏拉圖認為，內在的德性規約就是"內心的憲法"。趙汀陽先生對面向至善、高貴與幸福的古典精神的召喚，對文化品級的執著界分，無疑是柏拉圖式靈魂品級論在文化哲學層面的顯現。

關於第二點，趙汀陽先生指出，人類社會目前正處在一個過渡狀態，關於這個過渡狀態可以有多種描述方式和分析框架，如"新帝國"論，"新戰國時代"論，由於這兩種描述方式和分析框架都是以對抗性思維為主導的，而不是"關於未來的一種積極的和善意的理念"，他因此引入了歐盟所代表的"歐洲理念"，在他看來，"美國的政治理念仍然是屬於民族/國家層次的，而歐盟概念至少部分地則超越了民族/國家體系，是個'大區域'共同體。歐洲理念利用了從希臘以來的追求德性和公共性的精神傳統，特別利用了康德關於政治聯盟和世界和平理論以及福利社會實踐經驗，試圖推出在歐盟共同體模式下的'社會市場'和'生活品質'等理念"。這就意味著，歐盟共同體模式是一種值得向全球推廣的超越民族/國家體系的制度模式，因而也是理想全球治理模式的一個重要參照，這種制度模式的政治倫理依據之一即是康德關於政治聯盟和世界和平的理論。問題是，"在康德對永久和平的政治倫理思想構想中，自由、平等和法制是所有參與締結國際永久和平條約的國家都必須首先實現的國內政治理想或目標"（萬俊人，《正義的和平如何可能？——康德〈永久和平論〉與羅爾斯〈萬民法〉的批判性解讀》，載《世界文化的東亞視角》，北京大學出版社，2004），這一政治訴求明確地體現在康德為永久和平條約列出的三個正式條款中：1、每個國家的公民體制都應該是共和制；2、國際權利應該以自由國家的聯盟制度為基礎；3、世界公民權利將限於以普遍的友好為條件。

如果循康德進路審思全球治理問題，則歐盟共同體模式向全球推廣的前提即是所有民族國家皆成為歐盟成員國式的"自由國家"，換言之，國際正義的實現應以國內正義的實現為基礎，世界公民權利的實現應以公民國家政體中公民權利的保障為前提。這就向趙汀陽先生以精英（貴族）文化整合天下的理念提出了一個嚴峻的挑戰：在面向"正義的和平"的全球化進程中，如何化解"自由國家"與其他政體國家之間的潛在或顯在的政治和文化衝突？或者具體點說，是否要先收拾了美國定義為"邪惡軸心"的那些國家，人類才有可能走向永恆和平與理想天下？

（本文刊發於《跨文化對話》總第 19 輯）